K线图的99个卖出形态

技术特征——准确把握K线形态

出击卖点——及时捕捉卖出时机

经典案例——轻松掌握实战技巧

实战提高——深入理解买卖要点

富家益

THE STOCK MARKET

口碑热销

富家益 编著

扫一扫 赠送配套教学视频

中国纺织出版社有限公司

内容提要

K线技术，是应用非常广泛的一种炒股技术工具。本书详细介绍了K线图中的99个卖出形态。针对每个形态，本书都从技术特征、出击卖点、经典案例、实战提高这四个方面去进行介绍，十分方便、实用。

全书共分8章，第1章介绍单根K线的卖出形态，第2章介绍K线组合的卖出形态，第3章介绍多根K线的卖出形态，第4章介绍K线图的其他卖出形态，第5章介绍技术指标的卖出形态，第6章介绍量价关系的卖出形态，第7章介绍跟庄的卖出形态，第8章介绍K线图的综合卖出形态。

本书既可以作为新股民初学K线技术的入门参考书，也可以作为有一定经验投资者的K线形态速查手册。

图书在版编目（CIP）数据

K线图的99个卖出形态 / 富家益编著. — 北京：中国纺织出版社有限公司，2021.3（2025.7重印）
ISBN 978-7-5180-8153-0

Ⅰ. ①K… Ⅱ. ①富… Ⅲ. ①股票投资—基本知识 Ⅳ. ①F830.91

中国版本图书馆CIP数据核字（2020）第217133号

责任编辑：顾文卓　　责任校对：王蕙莹　　责任印制：何　建

中国纺织出版社有限公司出版发行
地址：北京市朝阳区百子湾东里A407号楼　邮政编码：100124
销售电话：010—67004422　传真：010—87155801
http://www.c-textilep.com
中国纺织出版社天猫旗舰店
官方微博 http://weibo.com/2119887771
天津千鹤文化传播有限公司印刷　各地新华书店经销
2021年3月第1版　2025年7月第11次印刷
开本：710×1000　1/16　印张：14
字数：143千字　定价：49.80元

凡购本书，如有缺页、倒页、脱页，由本社图书营销中心调换

前 言
PREFACE

K线分析技术，又称"蜡烛图分析技术"，是众多股票分析技术中最为常用也最为实用的一门技术。对偏好技术分析的投资者而言，K线是炒股当中必不可少的一个关注重点。

K线分析技术，具有以下三个优点：

第一，形象直观。每个K线形态都有着明确的技术特征，投资者可以非常轻松地进行辨认。

第二，买卖点明确。每个K线形态都包含着非常明确而具体的入场或出场信号，以及相应的止损点。

第三，紧跟趋势变化。K线形态的变化本身就包含着价格的变化。投资者通过观察K线形态，可以及时地发现趋势变化，进而把握买卖时机。

K线形态分析是K线分析技术的主要内容，甚至可以说是全部内容。为了帮助投资者更加快速、简便地掌握各种K线形态的分析技术及实战应用，我们特推出《K线图的108个买入形态》和《K线图的99个卖出形态》两本书，对每个K线形态，我们都从以下四个方面全方位地进行阐述：

1. 技术特征

要想应用K线技术，首先必须认识K线形态，了解每个K线形态的表现形式和特征。在这部分中，我们详细介绍了各种形态的技术细节及走势特征，并用图例加以说明，以方便投资者迅速地掌握该形态的技术要点。

2. 出击买（卖）点

对于每个形态的具体买入时机或卖出时机，我们都明确地加以介绍。通过这部分的学习，投资者可以快速掌握该形态的买卖点所在，进而更好地应用于实战。

3. 经典案例

对于每个形态，我们都选取经典的实战案例，进一步对形态特点、买卖时机加以讲解。读者通过这些实战案例，可以更好地理解各个形态的应用，做到理论联系实际，快速地提高自己的实战水平。

4. 实战提高

在这部分中，我们针对每个形态在实战中需要格外注意的地方加以重点强调。通过这些内容，读者可以更深入、更全面地掌握每个形态的实战要点。

如果您从来没有接触过 K 线分析技术，那么通过本书，您将从理论到实际、从形态到卖出时机，对 K 线分析技术建立起一个完整的认识。如果您对 K 线分析已经有了一定的认识，那么本书可以作为您的一本速查手册，将在实战中为您提供切实有效的帮助。

另外，投资者需要注意，K 线技术是一种非常依赖于投资者主观能动性的技术。如果过于关注各种具体的形态而忽略了对 K 线技术内在机理的探索，那么，就相当于将自己置入在了一个牢笼中，而 K 线技术也将变成一潭死水。

"无招胜有招"，不仅是一种武学境界，同时也是技术分析的极高境界。这一境界，需要我们不断地追寻，不断地探索。

在本书创作的过程中，关俊强、程淑丽、李金山对本书的设计思路和体系给出了具体的修改意见，齐艳霞、王淑敏、刘伟审阅了部分内容，设计中心贾月、赵睿、董连香、孙宗坤、程富建负责插图和排版的设计，在此一并表示感谢。

富家益
2020 年 9 月

目 录
CONTENTS

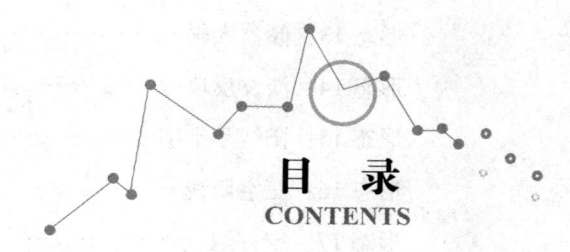

第 1 章　单根K线的卖出形态

形态 1：上吊线 ………………………………………………………… 2

形态 2：流星线 ………………………………………………………… 4

形态 3：大涨之后的十字线 …………………………………………… 6

形态 4：大涨之后的大阴线 …………………………………………… 8

形态 5：连续上涨之后的螺旋桨 ……………………………………… 10

形态 6：高位第一个向下突破缺口 …………………………………… 12

形态 7：看跌捉腰带线 ………………………………………………… 14

形态 8：一字跌停线 …………………………………………………… 16

第 2 章　K线组合的卖出形态

形态 9：黄昏之星 ……………………………………………………… 20

形态 10：看跌吞没 …………………………………………………… 22

形态 11：乌云盖顶 …………………………………………………… 24

形态 12：平头顶部 …………………………………………………… 26

1

形态 13：倾盆大雨 ··· 28
形态 14：淡友反攻 ··· 30
形态 15：阳线孕十字线 ··· 32
形态 16：三空阳线 ··· 34
形态 17：空方炮 ··· 36
形态 18：塔形顶 ··· 38
形态 19：下降三法 ··· 40
形态 20：空方尖兵 ··· 42
形态 21：三只乌鸦站枝头 ··· 44
形态 22：下跌分手线 ··· 46
形态 23：上涨尽头线 ··· 48
形态 24：跳空下跌并排阴线 ··· 50
形态 25：红三兵停顿形态 ··· 52
形态 26：红三兵受阻形态 ··· 54
形态 27：看跌舍子线 ··· 56
形态 28：跳空上涨两颗星 ··· 58
形态 29：高位揉搓线 ··· 61
形态 30：跳空下跌卷轴线 ··· 63
形态 31：下降抵抗线 ··· 65
形态 32：双飞乌鸦 ··· 67

第 3 章　多根K线的卖出形态

形态 33：双重顶 ··· 70
形态 34：三重顶 ··· 72
形态 35：头肩顶 ··· 74

形态 36：倒 V 形顶 ·· 76

形态 37：圆弧顶 ·· 78

形态 38：高位岛型反转 ·· 80

第 4 章　K 线图的其他卖出形态

形态 39：跌破前期低点 ·· 84

形态 40：跌破上升趋势线 ·· 86

形态 41：跌破矩形下边线 ·· 88

形态 42：在下降趋势线处遇阻 ··· 90

形态 43：在上升趋势的压力线处遇阻 ······································ 92

形态 44：在向下跳空缺口处遇阻 ··· 94

形态 45：跌破上升楔形的下边线 ··· 96

形态 46：连续出现三个向上的跳空缺口 ·································· 98

形态 47：跌破三角形下边线 ··· 100

形态 48：在楔形上边线处遇阻 ··· 102

形态 49：矩形上边线处遇阻 ··· 104

形态 50：在三角形上边线处遇阻 ·· 106

形态 51：在上升通道上轨处遇阻 ·· 108

形态 52：在高位出现放量的突破大阳线 ································· 110

形态 53：跌破前期放量价位 ··· 112

第 5 章　技术指标的卖出形态

形态 54：均线形成空头排列 ··· 116

形态 55：5 日均线与 10 日均线死叉 ······································ 118

形态 56：股价跌破 60 日均线 ··· 120

形态 57：在 60 日均线处遇阻回落 ··· 122

形态 58：长期均线对短期均线构成阻力 ······································ 124

形态 59：BIAS 三条曲线同时超买 ·· 126

形态 60：MACD 指标与股价顶背离 ·· 128

形态 61：MACD 柱线与股价顶背离 ·· 130

形态 62：DIFF 线向下越过零轴 ··· 132

形态 63：MACD 指标死叉 ·· 134

形态 64：DIFF 线受 DEA 线的阻力而再次向下 ····························· 136

形态 65：股价在 BOLL 上轨处遇阻 ·· 138

形态 66：股价跌破 BOLL 中轨 ··· 140

形态 67：股价在 BOLL 中轨处遇阻 ·· 142

形态 68：BOLL 指标上轨顶背离 ··· 144

形态 69：收口型喇叭口后再破阻力位 ·· 146

形态 70：RSI 指标超买后出现死叉 ··· 148

形态 71：RSI 指标与股价顶背离 ··· 150

形态 72：W&R 指标超买 ·· 152

形态 73：KDJ 指标超买后出现死叉 ·· 154

形态 74：KDJ 指标与股价顶背离 ·· 156

形态 75：股价自上而下跌破 SAR 线 ··· 158

形态 76：宝塔线指标的高位三平顶 ·· 160

形态 77：CCI 指标与股价走势的顶背离 ····································· 162

形态 78：MTM 指标上方出现的死叉 ·· 164

形态 79：股价高位跌破 BBI 指标线 ··· 166

第 6 章　量价关系的卖出形态

形态 80：高位的价跌量增 ··· 170

形态 81：高位的价涨量缩 ··· 172

形态 82：大涨之后开始滞涨 ··· 174

形态 83：无量一字涨停后放量下跌 ······································· 176

形态 84：大幅上涨后放出巨量 ··· 178

形态 85：巨量打开涨停板 ·· 180

形态 86：熊市反弹中突然放量 ··· 182

形态 87：在前期密集成交区域遇阻 ······································· 184

形态 88：5 日均量线与股价顶背离 ·· 186

形态 89：天量成为天价 ·· 188

形态 90：地量没有成为地价 ··· 191

第 7 章　跟庄的卖出形态

形态 91：庄家打压出货的卖出形态 ······································· 194

形态 92：庄家拉高出货的卖出形态 ······································· 196

形态 93：庄家震荡出货的卖出形态 ······································· 198

形态 94：庄家反弹出货的卖出形态 ······································· 200

第 8 章　K线图的综合卖出形态

形态 95：三死叉 ·· 204

形态 96：死亡谷 ·· 206

形态 97：断头铡刀 ·· 208

形态 98：九阴白骨爪 ··· 210

形态 99：死蜘蛛 ·· 212

第 1 章
单根 K 线的卖出形态

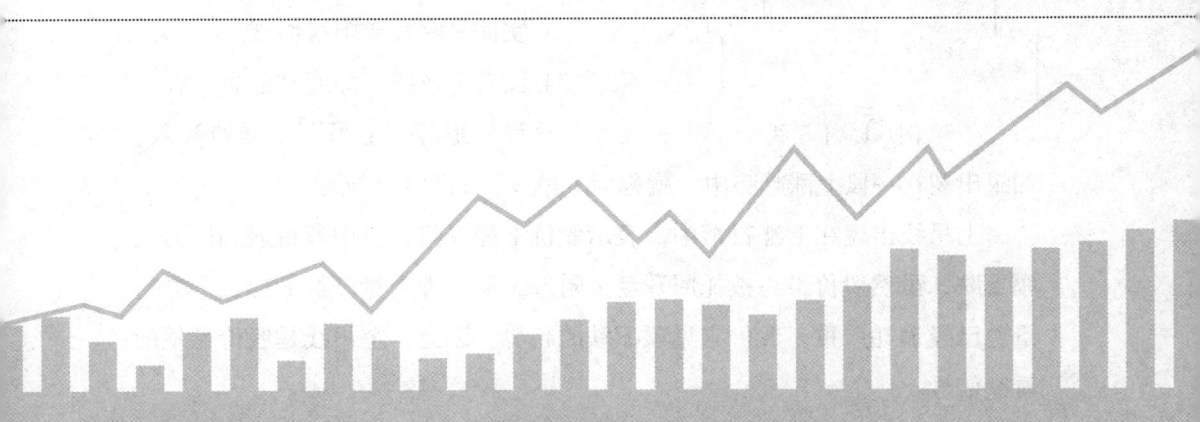

形态1：上吊线

➲ 技术特征

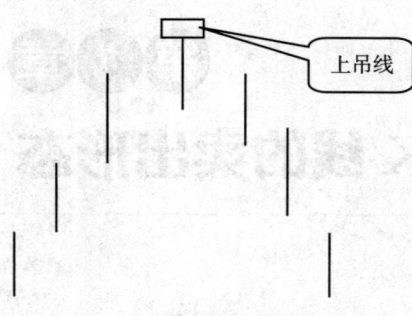

图1-1　上吊线

1. 实体较小，而且实体位置处于当天价格的顶端位置。

2. 下影线较长，其长度是实体长度的两倍或以上。

3. 实体是阴线或阳线均可。

4. 没有上影线，即使有也非常短。

这种外形像"上吊"一样的K线，如果出现在一段上涨趋势中，就称为上吊线，如图1-1所示。

上吊线出现在上涨行情中，表示股价上涨受阻，盘中股价遇到压力大幅下跌，虽然股价最终被托回开盘价附近，但空方力量已经显现，多方力量也已经消耗严重，股价有见顶下跌的趋势。因此，上吊线是股价见顶的看跌信号。

出击卖点1　上吊线出现的当天，为了保住已有利润，投资者可以适当进行减仓操作。

出击卖点2　上吊线出现后的交易日，如果股价继续走弱，那么投资者应该清仓离场。

⊃ 经典案例

如图1-2所示,2020年2月10日,股价前期有了一定涨幅的圆通速递(600233)当日低开,股价一路下滑,虽然当天出现一次上攻,但最终还是收出一根上吊线,显示出多方力量已经消耗殆尽,多空双方力量将要发出转变,卖点1出现。随后一个交易日,该股开盘后迅速下跌,显示空方已经占据绝对优势,股价走势已经反转,卖点2出现。

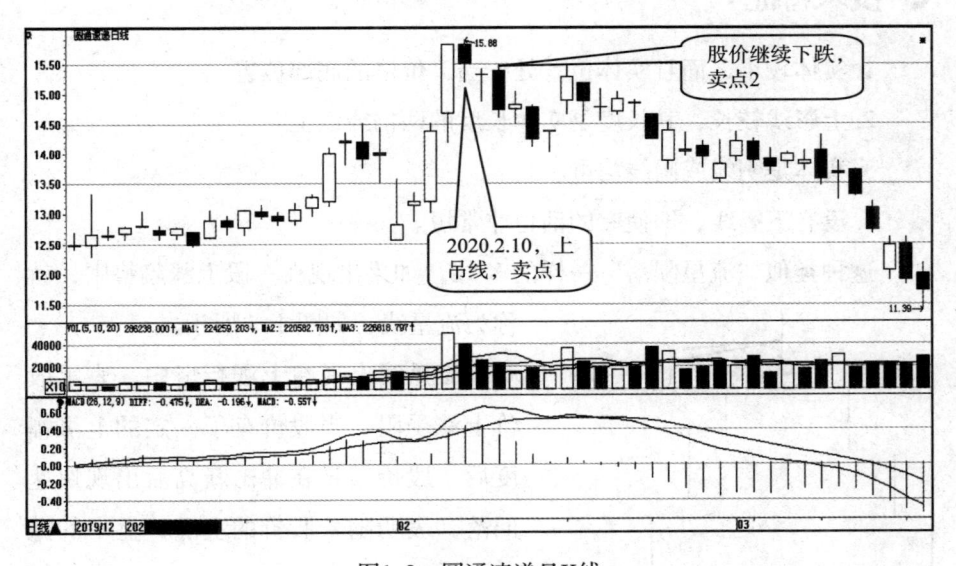

图1-2 圆通速递日K线

实战提高

1. 上吊线下影线越长,则形态的看跌信号越强。

2. 根据上吊线实体的颜色,可以将上吊线分为阳线上吊线与阴线上吊线。二者虽然都是看跌信号,但一般说来,阴线上吊线的看跌信号强度要超过阳线上吊线。

3. 如果上吊线能作为黄昏之星中的星线出现,则看跌信号会更加可靠(黄昏之星形态参见形态9)。

形态2：流星线

➲ 技术特征

1. 实体较小，而且实体位置处于当天价格的底部位置。
2. 上影线较长，其长度是实体长度的两倍或以上。
3. 实体是阴线或阳线均可。
4. 没有下影线，即使有的话也非常短。

这种类似"流星陨落"一样的K线，如果出现在一段上涨趋势中，就称为流星线，如图1-3所示。

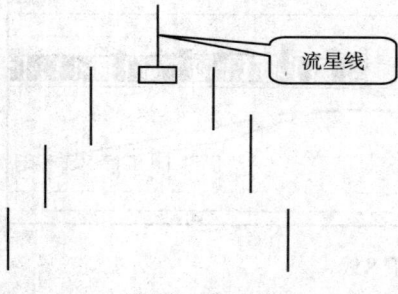

图1-3 流星线

流星线出现在上涨行情中，表示股价上涨受阻。当股价有了一定的上涨幅度后，股价某日在冲击新高后出现快速回落，表明随着股价的上涨，盘中的抛盘压力越来越大，股价有见顶回落的趋势，所以流星线形态为看跌信号。

出击卖点1 流星线出现的当天，投资者可以适当进行减仓操作，以避免利润的流失。

出击卖点2 流星线出现后的交易日，如果股价继续走弱，说明股价可能见顶，那么投资者应该清仓离场。

⊃ 经典案例

如图1-4所示，2019年9月16日，沧州大化（600230）股价在经过一段时间的上涨过后，当天收出一根流星线。显示出股价的上涨遇到阻力，股价有可能走弱，卖点1出现，此时投资者可以采取减仓操作；次日，该股低开低走，收出一根大阴线，显示空方力量较强，股价将要进一步下跌，卖点2出现。此时投资者应该尽快清仓离场，持币观望。

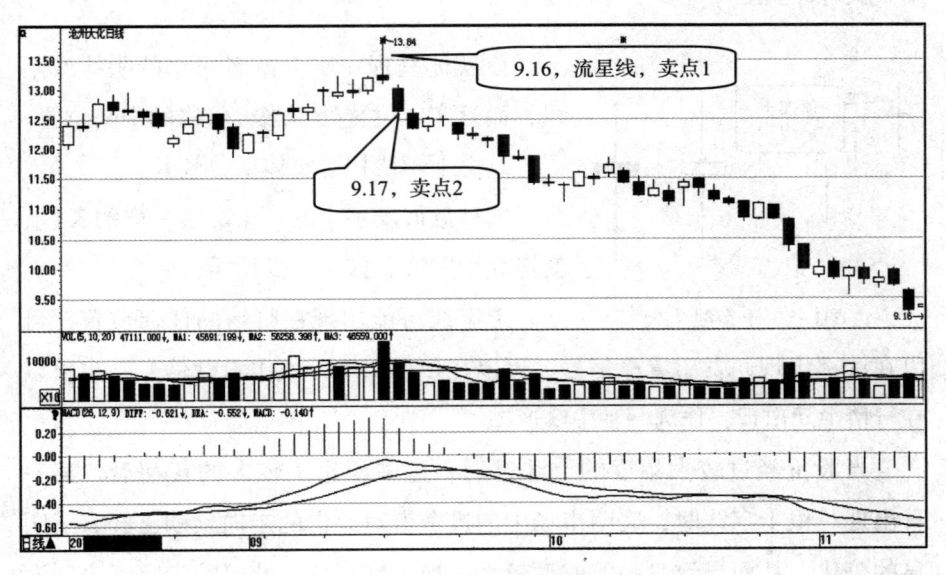

图1-4　沧州大化日K线

实战提高

1. 流星线上影线越长，则形态的看跌信号越强。

2. 根据流星线实体的颜色，可以将流星线分为阳线流星线与阴线流星线。二者虽然都是看跌信号，但一般说来，阴线流星线的看跌信号强度要超过阳线流星线。

3. 如果流星线能作为黄昏之星中的星线出现，则看跌信号会更加可靠。

形态 3：大涨之后的十字线

技术特征

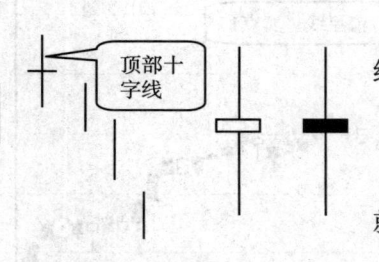

1. 实体呈现一字型或者很小的阴线或阳线，而且实体位置处于当天价格的中间位置。
2. 上下影线相对实体部分较长。

这种近似汉字中的"十"字一样的K线，就称为十字线，如图 1-5 所示。

图1-5 十字线

十字线可能出现在行情的任何位置，可以在底部出现，发出看涨信号，可以在顶部出现，发出看跌信号，也可以在行情中间出现，作为一种中继形态。

当股价经过较大幅度的上涨过后，盘中积累了较多的获利盘，某一日出现一根十字线时，表明市场中的投资者对股价的走向预期已经有了明显的分化，从而导致盘中的波动较大，换手率猛增。此时的十字线表明多空双方陷入僵持，之前强势的一方优势已经不明显，市场行情有转变的迹象。所以出现在大涨之后的十字线为看跌信号。

出击卖点1 十字线出现的当天，为了保住已有利润，投资者可以适当进行减仓操作。

出击卖点2 十字线出现后的交易日，如果股价继续走弱，说明股价可能已经见顶，那么投资者应该清仓离场。

⊃ 经典案例

如图1-6所示，2020年2月25日，股价有了很大涨幅的三环集团（300408）当日收出一根十字线，显示出多空双方力量已经发生转变，原来的股价走势可能发生变化，此时为谨慎起见，投资者可以执行减仓操作，卖点1出现；次日，该股低开低走，显示空方已经占据绝对优势，股价将要进一步下跌，此时投资者应该及时清仓离场，保住利润，卖点2出现。

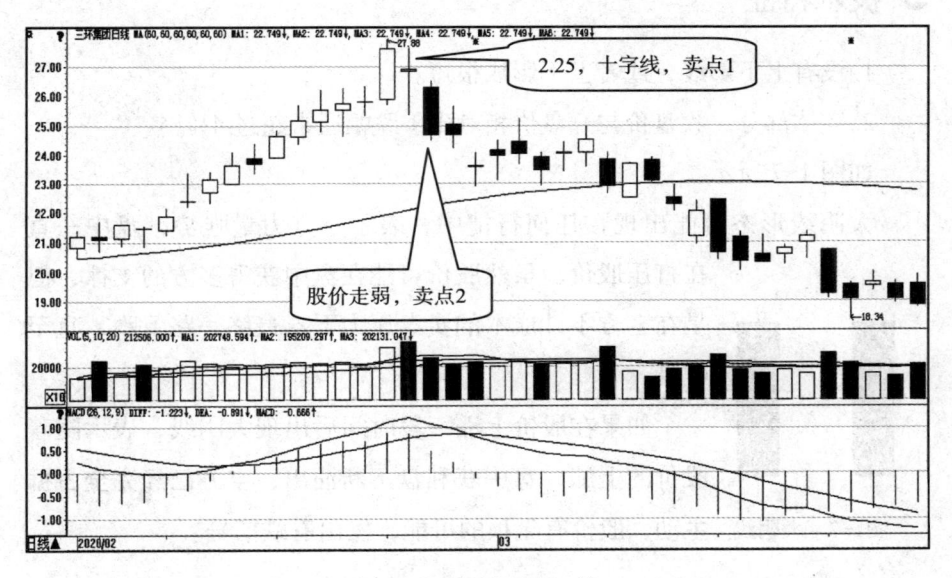

图1-6 三环集团日K线

实战提高

1. 十字线的上下影线越长，则该形态发出的反转信号就越可靠。

2. 十字线出现时的成交量越大，说明多空双方争夺越激烈，此时该形态的反转信号就越强烈。

3. 如果在上涨行情中出现十字线后，股价快速突破十字线顶端，则表示多方重新夺回主动，这时投资者不必急于卖出股票，可以继续持股待涨。

形态 4：大涨之后的大阴线

➲ 技术特征

1. 没有上下影线，或者上下影线很短。
2. 实体部分（收盘价与开盘价相对比）跌幅通常超过 4%。

如图 1-7 所示。

大阴线形态可能出现在任何行情中，表示空方力量强势，盘中一直在打压股价。虽然股价可能在盘中获得多方的支撑，但是在空方不计成本的卖盘压力下，最终一路下跌，直至收盘。

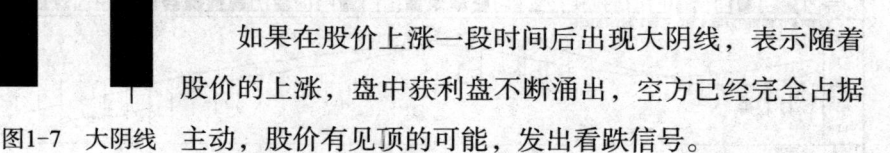

图1-7 大阴线

如果在股价上涨一段时间后出现大阴线，表示随着股价的上涨，盘中获利盘不断涌出，空方已经完全占据主动，股价有见顶的可能，发出看跌信号。

出击卖点1 大阴线出现的当天，为了保住已有利润，投资者可以适当进行减仓操作。

出击卖点2 大阴线出现后的交易日，如果股价继续走弱，说明股价可能见顶，那么投资者应该清仓离场。

➲ 经典案例

如图 1-8 所示，2019 年 4 月 23 日，长城电工（600192）在经过一段时间的连续上涨后,于当日收出一根顶部大阴线,预示着股价在上涨过程中遇到大量的抛盘,上涨受阻,此时为了保住已有利润,投资者可以进行减仓操作,卖点1出现;随后的一个交易日,该股低开后上涨,但上涨无力,显示多头抗跌无力,股价有走弱趋势,卖点2出现。

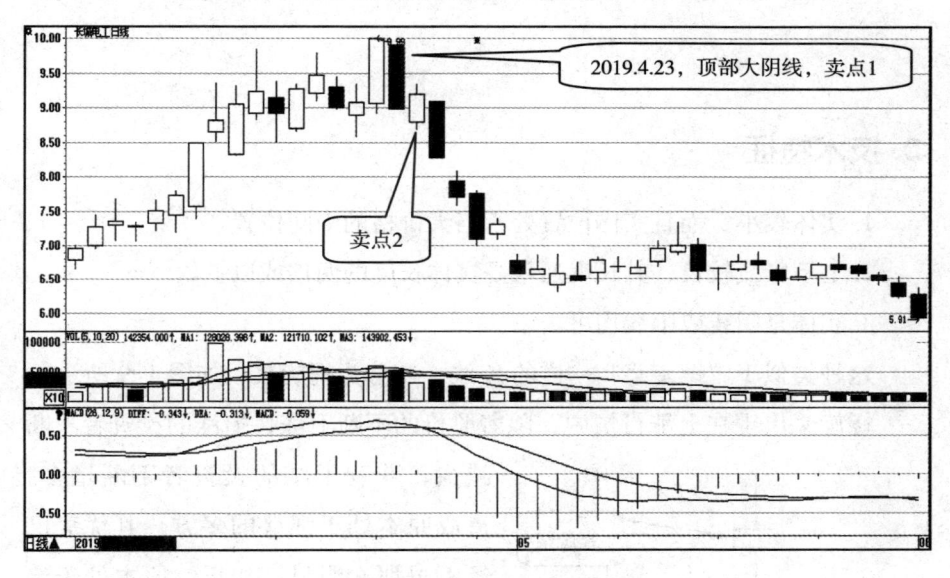

图1-8 长城电工日K线

实战提高

1. 大阴线的实体部分越长,表示空方力量越强势,该形态的看跌信号也就越强烈。

2. 如果大阴线同时也是一根墓碑线(股价收盘在前一日收盘价之上,但是由于高开低走,所以形成一根阴线),那么看跌的信号更强。

3. 如果出现大阴线后股价低开,则说明市场处于弱势,此时该形态的卖出信号更加强烈。相反,如果出现大阴线后股价高开,说明多方还有力量反击,这时投资者可以继续观望。

形态 5：连续上涨之后的螺旋桨

⊃ 技术特征

1. 实体较小，而且实体位置处于当天价格的中间位置。
2. 上下影线较长，其长度通常是实体长度的两倍或以上。
3. 实体是阴线或阳线均可。

这种类似于"螺旋桨"一样的 K 线，就称为螺旋桨，如图 1-9 所示。

螺旋桨出现在上涨行情中，随着股价的不断上涨，追涨的投资者不断减少，获利了结的投资者不断增多，造成原本处于强势的多方，其优势已经不再那么明显；相反，原本处于绝对劣势的空方，其力量开始不断增强，股价全天在多空双方的争夺下波动幅度很大，表现出有转变运行走势的可能。所以，螺旋桨 K 线形态为一种看跌形态。

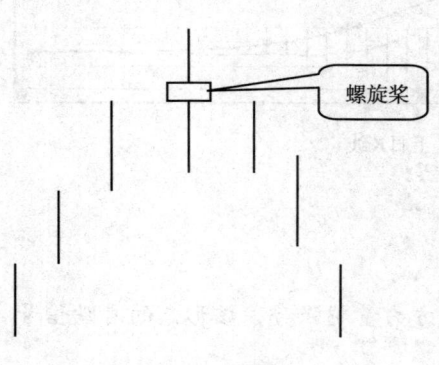

图1-9 螺旋桨

出击卖点1 螺旋桨出现的当天，投资者可以适当降低仓位，以确保账面的盈利。

出击卖点2 螺旋桨出现后的交易日，如果股价没有能够在短时间内向上突破螺旋桨的最高点，那么投资者应该清仓离场。

第1章 单根K线的卖出形态

◯ **经典案例**

如图1-10所示,经过短时间的连续上涨,鄂尔多斯(600295)于2020年8月4日当天收出一根螺旋桨K线,预示着市场中的多空双方力量开始发生转变,股价有走弱的可能,卖点1出现,此时投资者可以适当降低持筹仓位,以规避股价下跌带来的利润流失;次日,该股低开后上下震荡,收出一根十字星,验证了螺旋桨K线形态发出的看跌信号,卖点2出现,投资者应该及时将手中筹码悉数卖出。

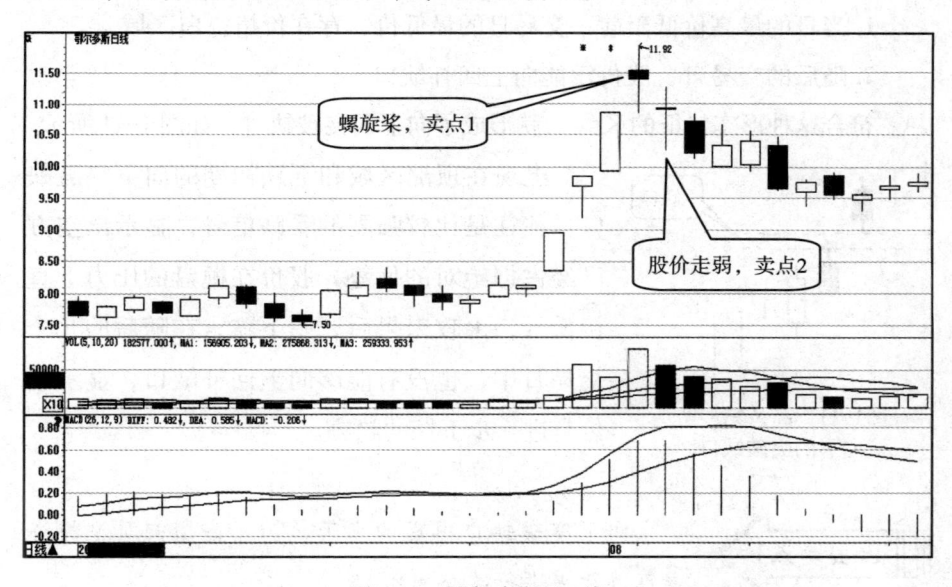

图1-10 鄂尔多斯日K线

实战提高

1. 螺旋桨的上下影线越长,表示多空双方在盘中争夺得越激烈,股价转势的可能性越大,该形态的看跌信号也就越强烈。

2. 如果在出现螺旋桨后的几个交易日内,股价向上突破了螺旋桨的最高点,那说明盘中的多方已经占据优势,投资者可以继续持股等待卖出信号。

形态6：高位第一个向下突破缺口

➲ **技术特征**

1. 当日的最高价低于前一交易日的最低价，存在价格空白区域。
2. 随后的交易日，股价没能向上回补缺口。

符合这种形态特征的K线，就形成了向下的突破缺口，如图1-11所示。

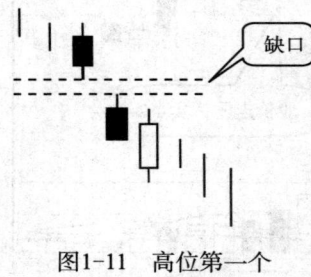

出现在顶部区域和下跌初期的向下突破缺口，往往是比较强烈的看跌信号，显示出空方已经占据绝对的优势，股价在抛盘的压力下直接低开，上攻未果后开始下跌，在随后的几个交易日中，也没有能够向上回补缺口，显示股价有进一步下探的趋势。

图1-11 高位第一个向下的突破缺口

出击卖点1 向下突破缺口出现的当天，为了谨慎起见，投资者可以适当进行减仓操作。

出击卖点2 向下突破缺口出现后的交易日，如果股价没有能够回补缺口，说明股价将要走弱，此时投资者应该及时离场观望。

➲ **经典案例**

如图1-12所示，2020年3月4日，华夏幸福（600340）放量大涨，收出一根大阳线。次日，股价出现螺旋桨形态，表明高位有较强的卖出压力存在。之后两个交易日，该股出现向下突破缺口，股价有进入下跌走势的可能，为了谨慎起见，投资者可以适当降低仓位，以保住已有利润；在出现跳空缺口的次日，该股股价低开，虽然略有上涨但并没有向上回补缺口，表明股价已经走弱，卖点出现，投资者应该清仓离场。

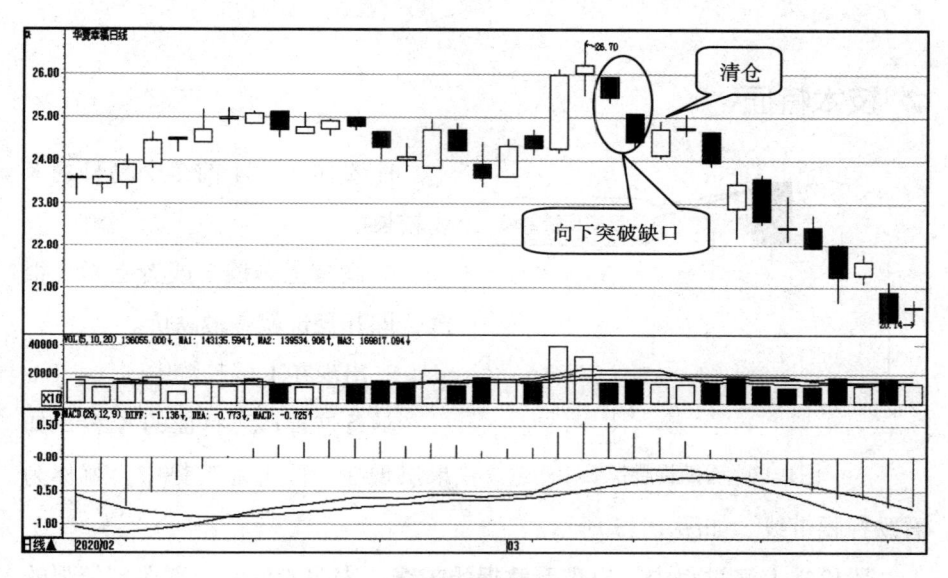

图1-12　华夏幸福日K线

实战提高

1. 第一个向下的突破缺口如果出现在下跌行情中，其看跌信号强度要超过横盘整理过程中出现的同样形态。

2. 如果形成向下突破缺口的K线伴随着成交量的放大，则说明空方强势，多方弱势，这时该形态的看跌信号会更加强烈。

3. 如果股价能在几个交易日内回补缺口，则表明行情有转强的迹象，这时投资者可以试探性地买入股票。

形态7：看跌捉腰带线

⇒ 技术特征

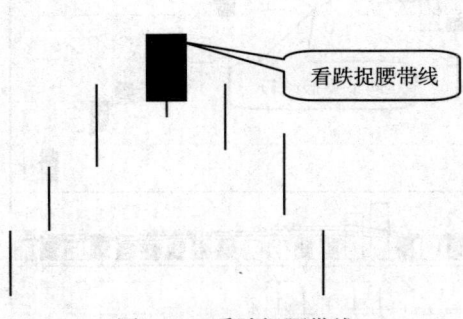

1. 实体相对于前个交易日的K线较长。

2. 没有上影线，或者上影线很短，即开盘价就是最高价。

3. 出现在上涨趋势中。

具备这种形态特征的K线，如果出现在一段上涨趋势中，就称为看跌捉腰带线，如图1-13所示。

图1-13 看跌捉腰带线

股价在上涨过程中，出现看跌捉腰带线，表明股价的上涨遇到较强的阻力，股价高开后在空方的打压下一路下滑，虽然最终收盘时出现下影线，但盘中的空方力量的优势已经显现，股价原来的上涨趋势可能就此终结，发出看跌信号。

出击卖点1 看跌捉腰带线出现的当天，投资者可以适当地降低仓位，保证账面浮盈。

出击卖点2 看跌捉腰带线出现后的交易日，如果股价继续走弱，那么投资者应该清仓离场。

第 1 章　单根 K 线的卖出形态

◐ **经典案例**

如图 1-14 所示，2019 年 4 月 11 日，华夏幸福（600340）在经历了一段时间上涨后于当日收出一根看跌捉腰带线，预示着股价的上涨走势在获利盘的打压下可能发生转变，卖点 1 出现，投资者应该适当降低仓位，以减少股价下跌带来的利润流失。第二个交易日，该股低开低走，再次收出一根阴线，显示股价走势已经发生转变，卖点 2 出现，此时投资者应该及时清仓离场。

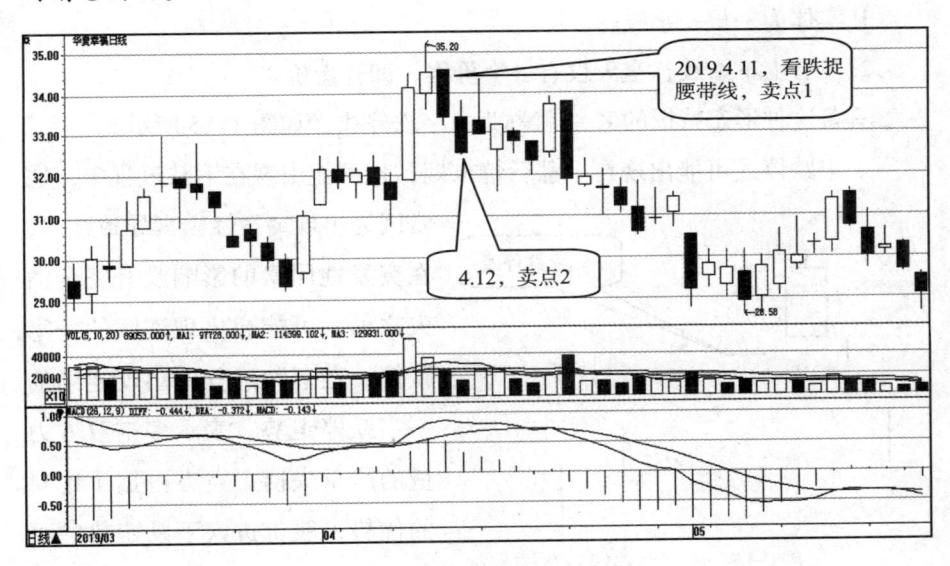

图1-14　华夏幸福日K线

实战提高

1. 看跌捉腰带线的阴线实体越长，成交量越大，其发出的看跌信号越强。

2. 如果股价能在几个交易日内向上有效突破看跌捉腰带线的最高点，则表示行情有转强的迹象，这时投资者可以试探性地买入该股票。

形态 8：一字跌停线

○ 技术特征

1. 实体为一根一字线。
2. 没有上下影线，全天仅有一个价格，即开盘价。

具备这种形态特征的 K 线就称为一字跌停线，如图 1-15 所示。

一字跌停线可能出现在上涨行情末期，也可能出现在下跌过程中，通常因为出现突发性因素导致跌停，在突发性因素的影响没有完全消失之前，可能会出现连续的一字跌停。在下跌过程中出现连续的一字跌停走势，表示多空双方力量的严重失衡，空方占据了绝对的优势，股价进入下跌走势的可能性较大。

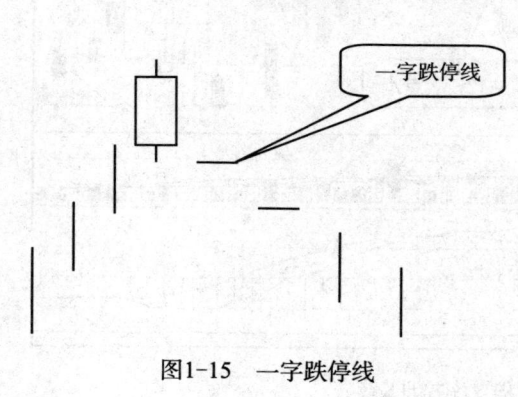

图1-15 一字跌停线

出击卖点1 一字跌停线出现的当天，卖出的可能性很小，但是投资者可以试着将股票挂跌停价排队卖出。

出击卖点2 当某一个交易日，该股开板后投资者应该在反弹的过程中将手中的筹码悉数出掉。

第 1 章　单根 K 线的卖出形态

⊃ 经典案例

　　如图 1-16 所示，2020 年 4 月 15 日，三房巷（600370）发布信息称并购重组委将审批公司发行股份购买资产事项，4 月 15 日起停牌。4 月 16 日，该股复牌，并公告称发行股份购买资产事项被否，当天收出一字跌停线。4 月 17 日，该股当天大幅低开，盘中虽然一度有所拉升但依然很弱。鉴于当时大盘仍处于 3000 点以下，整体较弱，投资者应该及时将手中的筹码卖出，以规避风险。随后该股在震荡中不断下行，再创阶段新低。

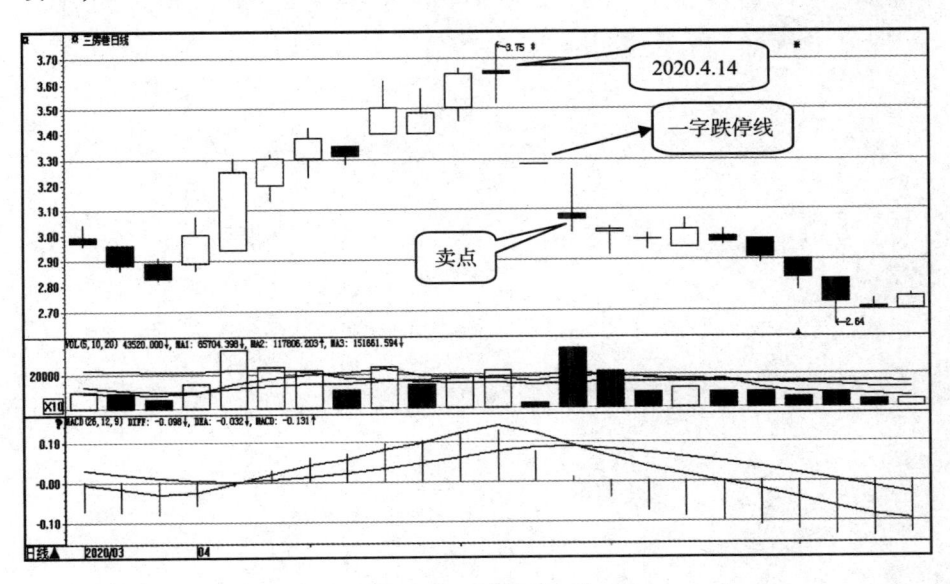

图1-16　三房巷日K线

实战提高

　　1. 出现一字跌停线后的第一个开板交易日，如果放出巨额成交量，那么看跌信号会更加强烈。

　　2. 如果在开板后多个技术指标（KDJ、MACD 等）都发出买进信号，持有股票的投资者可以先保持观望，暂缓卖出。

第 2 章
K 线组合的卖出形态

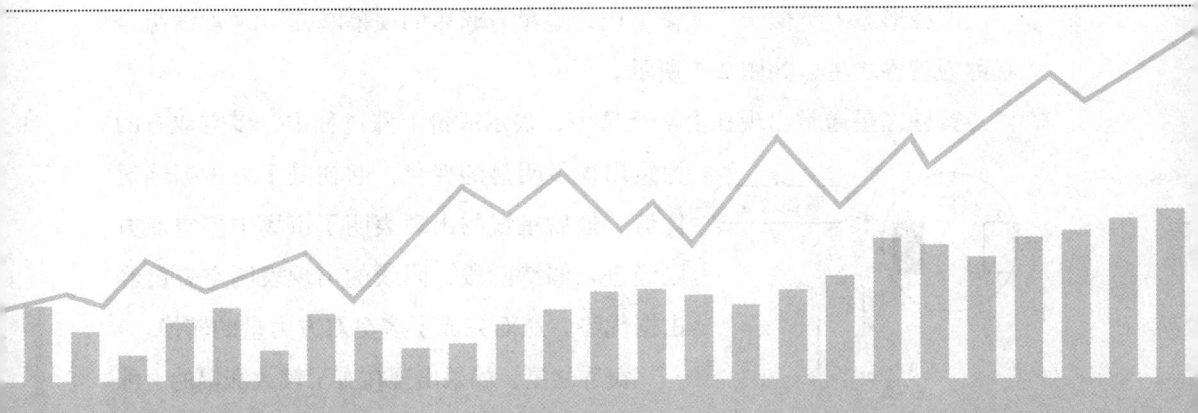

形态9：黄昏之星

⊃ 技术特征

1. 出现在上涨过程中，第一根 K 线为中阳线或者大阳线。
2. 第二根 K 线可以是十字星线，也可以是小阳（阴）线，且与第一根 K 线之间存在向上的跳空缺口。
3. 第三根 K 线为阴线，且与第二根 K 线之间存在向下的跳空缺口。

这种形态上类似于"太阳下山，星星升起后的夜幕降临"的 K 线组合就称为黄昏之星，如图 2-1 所示。

黄昏之星通常出现在上涨行情中，表示股价上涨过程中，多空双方的力量出现了明显的变化，起初是多方占据绝对优势，最后星线的出现表明了市场中多空双方已经进入僵持阶段，阴线的出现表明空方已经占据优势，从而完成了多空双方力量的转换。

黄昏之星，如果出现在有了较大涨幅的上涨趋势中，其反转信号更为强烈。

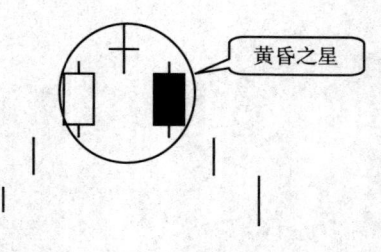

图2-1 黄昏之星

出击卖点1 黄昏之星形成的当天，投资者就应该做出减仓至较低的仓位，以免造成不必要的损失。

出击卖点2 黄昏之星出现后的交易日，如果股价没有明显的上攻欲望，那么投资者应该清仓离场。

经典案例

如图2-2所示,2019年4月25日,处在上涨走势中的康达新材(002669)出现了黄昏之星的K线形态,预示着市场中多空双方力量的转变已经完成,股价有可能进一步走弱,卖点1出现;第二个交易日,股价低开低走,显示盘中空方力量已经主导了股价的运行,卖点2出现。

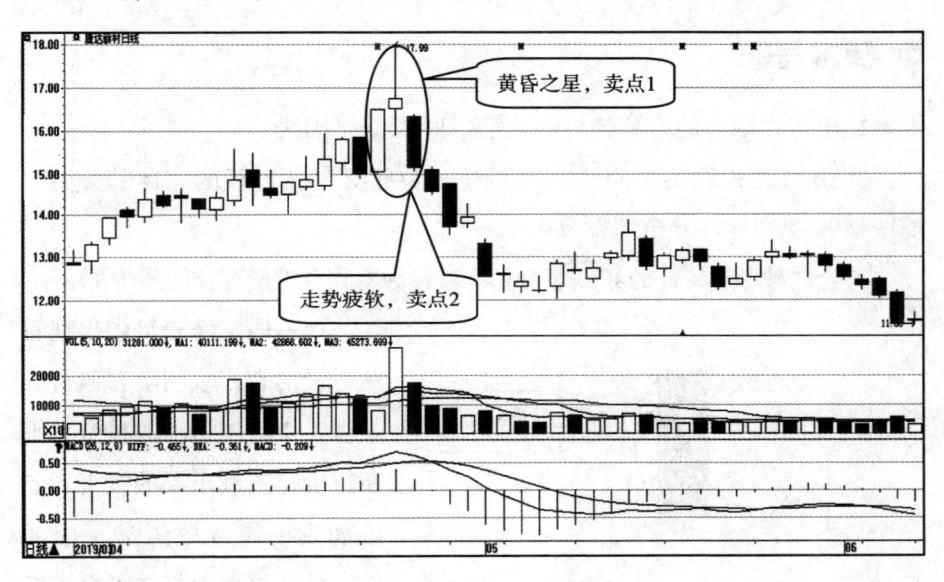

图2-2 康达新材日K线

实战提高

1. 出现黄昏之星之前,股票价格上涨幅度越大,该形态所发出的看跌信号越强烈。

2. 黄昏之星形态中,第二根K线为十字星线时,该形态发出的反转信号更加准确。

3. 如果股价能在几个交易日内向上突破黄昏之星形态的最高价,那么投资者可以继续持有该股。

形态 10：看跌吞没

➲ 技术特征

1. 出现在明显的上涨趋势中，第一根 K 线是阳线。

2. 第二根 K 线为中阴线或大阴线，并且第二根 K 线的实体部分要将前一根 K 线实体部分全部吞没。

符合这种形态特征的 K 线组合形态就称为看跌吞没形态，如图 2-3 所示。

在一段上涨趋势中出现看跌吞没形态，表明随着股价的上涨，市场中追涨的投资者不断减少，获利出局的投资者开始涌现，导致抛压盘不断涌出，从而更大地打击了投资者的看多情绪，导致原本的上涨走势终结，变为强烈的看跌信号。

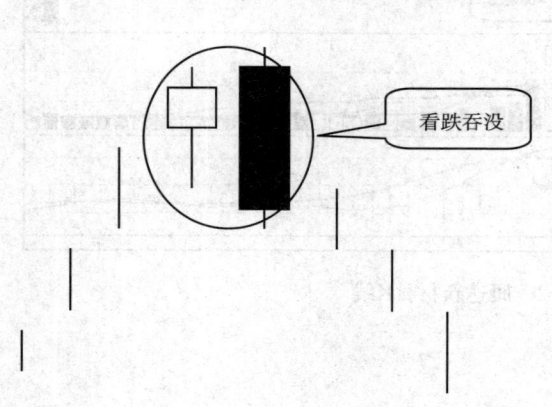

图2-3　看跌吞没

出击卖点1 看跌吞没形态形成的当天，为了谨慎起见，投资者应该适当降低仓位，以保证账面盈利不受太大损失。

出击卖点2 看跌吞没形态出现后的交易日，如果股价继续走弱，那么股价走势的转变基本已定，投资者应该清仓离场。

经典案例

如图2-4所示，2020年4月9日，处于连续上涨走势中的兴业科技（002674）出现看跌吞没K线组合形态，预示着股价可能已经见顶，卖点1出现；第二个交易日，该股股价大幅低开，疲弱无力，验证了看跌吞没形态发出的反转信号，卖点2出现。

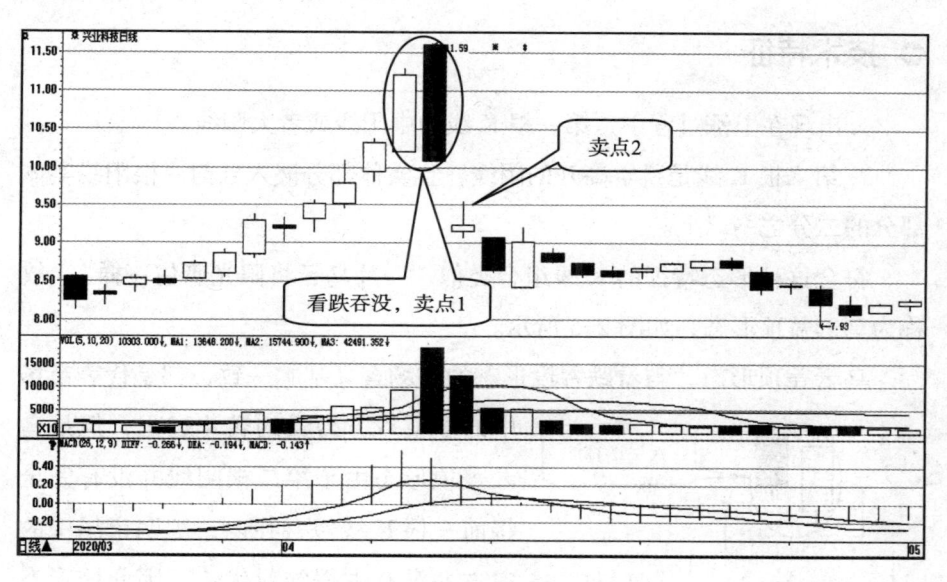

图2-4 兴业科技日K线

实战提高

1. 与黄昏之星类似，出现看跌吞没形态之前，股票价格上涨幅度越大，该形态所发出的看跌信号越强烈。

2. 看跌吞没形态中，阴线实体部分的跌幅越大，表明市场中空方力量越强，股价走势转变的可能性越大，即看跌信号越强。

3. 如果未来几个交易日，股价能够向上突破大阴线的最高点，那么就有可能转变为空中加油形态，投资者可以适当买进。

形态 11：乌云盖顶

> 技术特征

1. 出现在上涨过程中，第一根 K 线为中阳线或者大阳线。
2. 第二根 K 线是跳空高开的阴线，且实体部分嵌入到前一根阳线实体部分的二分之一以上。

符合这种形态特征的 K 线组合类似"一片乌云将阳光遮住一样"，故称为乌云盖顶形态，如图 2-5 所示。

乌云盖顶形态，与看跌吞没形态的市场含义基本一致，都是代表市场中的多空双方力量的转化过程，但是乌云盖顶形态由于第二根阴线并没有完全将前一根 K 线包含在内，表明市场中的空方并没有占据绝对优势，因此该形态发出的转势信号比看跌吞没形态的要弱一些。

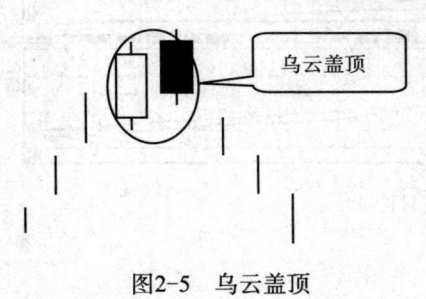

图2-5 乌云盖顶

出击卖点1 乌云盖顶形态形成的当天，投资者可以适当降低自己的仓位，以避免造成不必要的损失。

出击卖点2 乌云盖顶形态出现后的交易日，如果股价上攻乏力，表明市场中多方已经没有力量进行反击，投资者应该清仓离场。

➲ 经典案例

如图2-6所示，2020年3月9日，华东重机（002685）股价在经过一段时间的上涨过后，出现乌云盖顶的K线组合形态，发出卖出信号，预示着股价可能已经见顶，卖点1出现；随后一个交易日，该股收出一根高位上吊线，显示盘中多方力量已经消耗殆尽，股价将要走弱，卖点2出现。

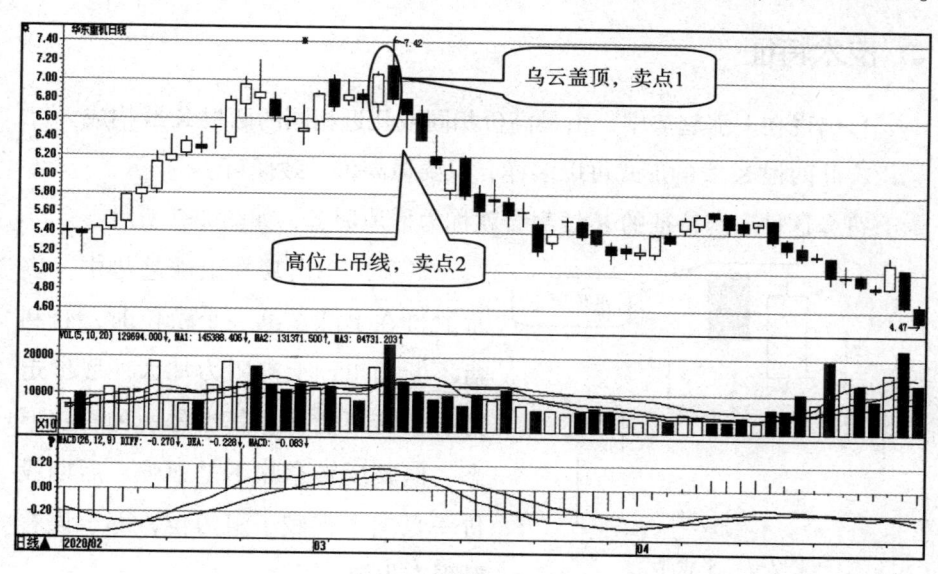

图2-6 华东重机日K线

实战提高

1. 乌云盖顶组合形态中，大阴线的实体部分深入前一根阳线实体部分越多，其转势信号越强烈。

2. 与看跌吞没形态类似，如果未来几个交易日，股价能够向上突破乌云盖顶组合形态大阴线的最高点，就有可能转变为空中加油形态，投资者可以适当买进。

形态 12：平头顶部

◐ **技术特征**

1. 出现在上涨趋势中，由最高价相同或几近相同的两根 K 线构成。
2. 此两根 K 线的形式可以多样，只要最高价一致便可。

符合这种形态特征的 K 线组合就称为平顶形态，如图 2-7 所示。

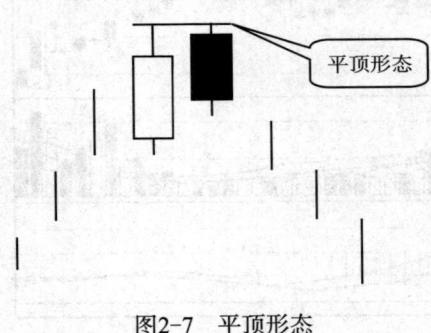

图2-7 平顶形态

平顶形态出现在上涨趋势中，表示股价在上涨至某一个价位时，获利盘不断涌出，上涨阻力加大，股价走势有反转可能，故其也是一种看跌形态。但其反转意味不是很强，后期股价一旦向上突破了阻力位，那么该看跌形态失效。

出击卖点1 平顶形态形成的当天，由于平顶形态的反转信号较弱，投资者可以稍微降低自己的仓位。

出击卖点2 平顶形态出现后的交易日，如果股价上攻乏力，表明反转信号得到验证，投资者可以分批卖出，直到清仓。

◐ **经典案例**

如图 2-8 所示，2020 年 4 月 8 日，股价经过一波涨势的仙坛股份

（002746）在高位出现平顶形态，表明股价在上涨过程中遇阻，走势有可能出现反转，且形成平顶形态的两根K线同时也构成了孕育形态，两个反转信号叠加，发出卖出信号，卖点1出现；随后一个交易日，该股形成上吊线形态，显示多方并没有能够延续前期的强劲走势，股价走势反转的概率极大，卖点2出现，此时投资者应该清仓，离场观望。

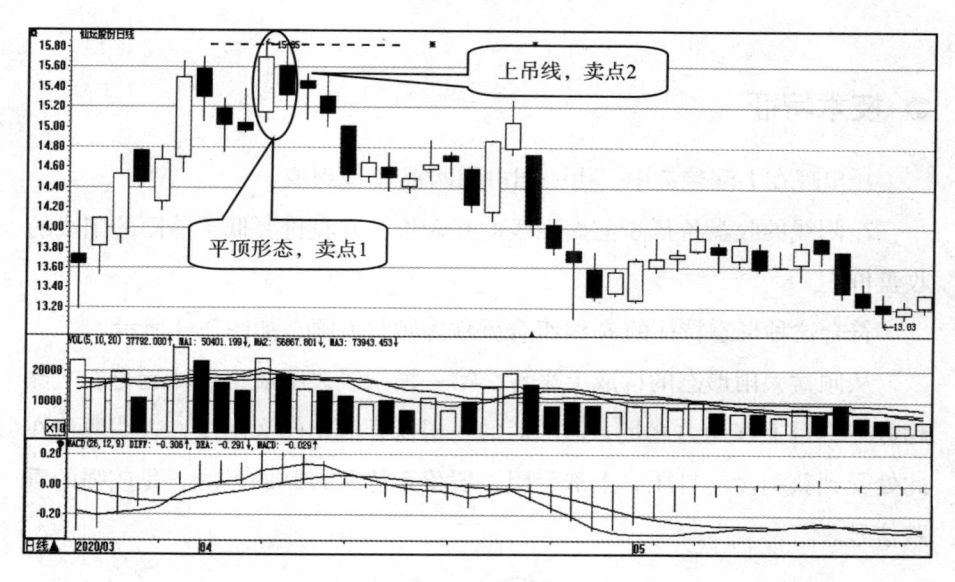

图2-8 仙坛股份日K线

实战提高

1. 在形成平顶形态时，如果成交量同步放大，则该形态发出的看跌信号越强。

2. 由于平顶形态的看跌信号较弱，一旦后期股价向上突破了该阻力位，那么该看跌形态失效，股价有可能继续上攻，投资者可以根据其他的技术指标适当地买进。

形态13：倾盆大雨

◐ 技术特征

1. 出现在上涨趋势中，由一阳一阴两根K线组成。

2. 阴线的收盘价低于前面阳线的开盘价，开盘价要低于前面的阳线的收盘价。

符合这种形态特征的K线组合就称为倾盆大雨，如图2-9所示。

从倾盆大雨形态的构成上来看，第一根阳线表明股价仍然运行在上涨趋势中，且上涨动力充足，但随后的一根低开低走的大阴线，表明股价在此处受到获利盘的打压，上涨受阻，股价走势有转跌的可能，是较强的看跌信号。

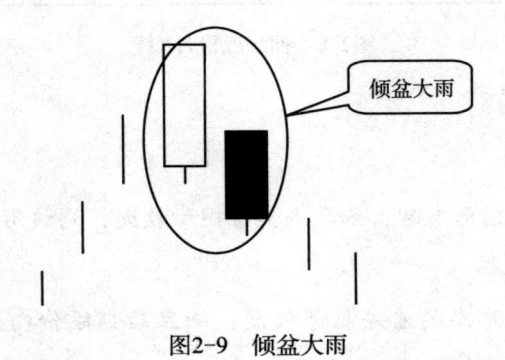

图2-9 倾盆大雨

出击卖点 倾盆大雨形态形成后，投资者应该及时清仓，以应对已经出现的反转走势。

第 2 章 K 线组合的卖出形态

○ **经典案例**

如图 2-10 所示，2020 年 1 月 13 日，福建金森（002679）股价在一波上涨过后出现了倾盆大雨的 K 线组合形态。它表明市场中原本强势的多方和弱势的空方，地位发生根本性转变，后市看跌，卖点 1 出现，投资者要注意及时卖出。第二天，该股跳空低开，表明多方无意反攻，卖点 2 出现，投资者应尽快将手中的筹码卖出。

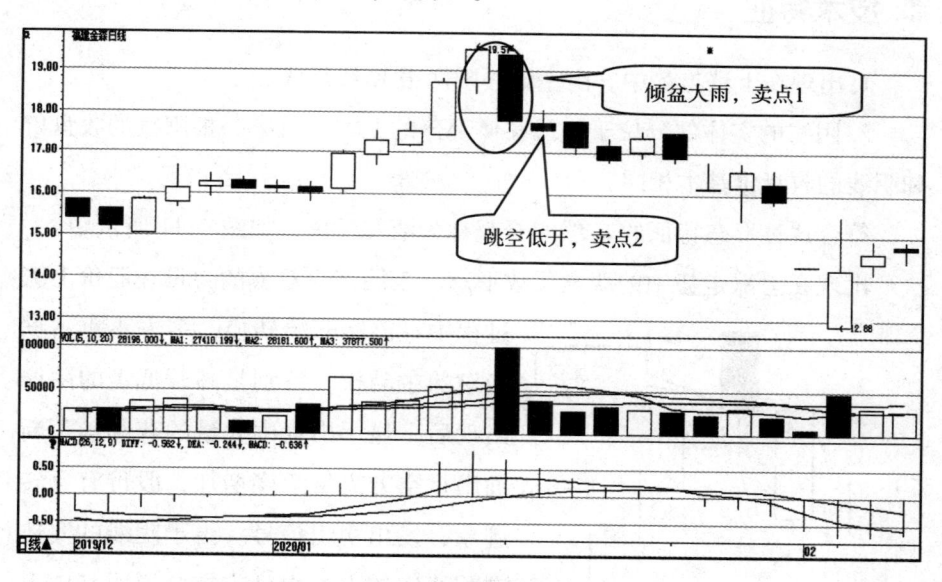

图2-10　福建金森日K线

实战提高

1. 倾盆大雨 K 线组合形态中，大阴线的实体部分越长，其转势信号越强烈。

2. 与看跌吞没形态类似，如果未来几个交易日，股价能够向上突破该组合的最高点，表明此形态仅为主力的洗盘吸筹操作，股价有可能继续走强，投资者可以适当买进。

形态14：淡友反攻

➲ 技术特征

1. 出现在上涨走势中，由一阳一阴两根K线组成。

2. 阴线的实体部分位于阳线实体部分的上方，且第一根阳线的收盘价和阴线的收盘价基本相同。

符合这种形态特征的K线组合就称为淡友反攻，如图2-11所示。

出现在上涨走势中的淡友反攻形态，表明多空双方的力量在股价上涨过程中，已经开始转换，多方不再占据绝对的主动权，特别是高开低走的阴线出现后，显示出盘中大量的获利盘不断涌出，空方力量急剧增加，股价有反转迹象，发出卖出信号。由于阴线的实体在阳线实体上方得到支撑，说明盘中多方力量还有一定的支撑动力，所以淡友反攻形态的看跌信号并不强烈。

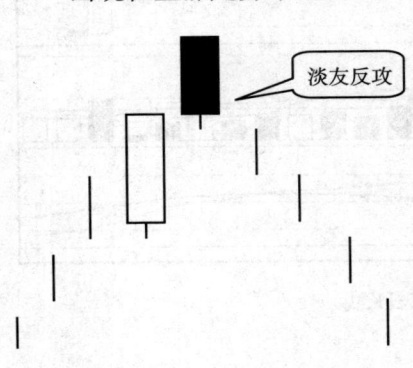

图2-11 淡友反攻

> **出击卖点**

淡友反攻形态形成后，投资者应该视次日的交易情况而定，如果次日股价高开，说明多方还有反击的机会，此时投资者可以进行减仓操作，如果是低开低走，那么投资者应该即刻清仓离场。

第 2 章　K 线组合的卖出形态

⊃ **经典案例**

如图 2-12 所示，2020 年 5 月上旬，股价经过连续上涨的玲珑轮胎（601966）出现淡友反攻的 K 线组合形态。5 月 8 日，该股延续了之前的上涨走势，收出一根中阳线，表明盘中多方依旧占据着优势，获利盘也逐渐增加。5 月 11 日，该股高开低走，收出一根阴线，反映出盘中多空力量已经在获利盘的大量涌出下完成转换，股价有转势的可能。随后 2 个交易日，该股又形成看跌吞没形态，说明股价走势已经出现转变，卖点出现。

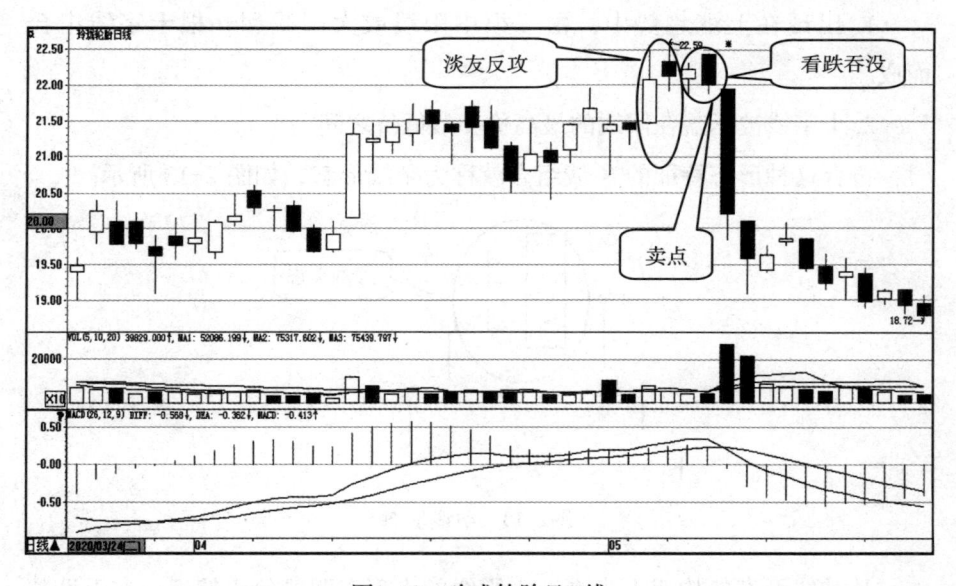

图2-12　玲珑轮胎日K线

实战提高

1. 在出现淡友反攻 K 线组合形态之前，股价的涨幅越大，其看跌的意义越浓厚。

2. 出现大阴线的当天，如果成交量急剧放大，那么股价反转的概率就大大增加。

形态15：阳线孕十字线

◐ 技术特征

1. 出现在上涨趋势中，由一根中阳线或大阳线和一根十字线组合而成。

2. 十字线被涵盖在阳线的最高价和最低价之间。

符合这种形态特征的K线组合就称为孕线形态，如图2-13所示。

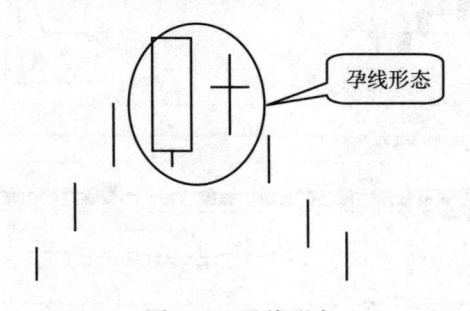

图2-13 孕线形态

从孕线形态的构成上来看，大阳线的出现表明股价仍然运行在上涨趋势中，市场中多方占据着优势，随后的一根十字线说明伴随着股价的上涨，盘中的获利盘不断涌现，使得盘中空方力量不断增强，多空双方陷入焦灼状态，股价在空方力量的不断增强下有可能出现反转走势，发出卖出信号。

出击卖点 孕线形态形成后，如果次日股价继续走弱，投资者应该及时清仓，以应对已经出现的反转走势。

⇒ 经典案例

如图2-14所示，2020年4月下旬，处于上涨走势中的龙宇燃油（603003）出现阳线孕十字线形态。4月20日，该股开盘后迅速上攻，并最终收出一根大阳线，显示盘中投资者看多预期强烈；第二个交易日，该股收出一根十字线，预示着多方相对于空方已经不再占据优势，股价有转势的可能。随后一个交易日，该股低开后一路下滑，验证了孕线形态发出的卖出信号，卖点出现。

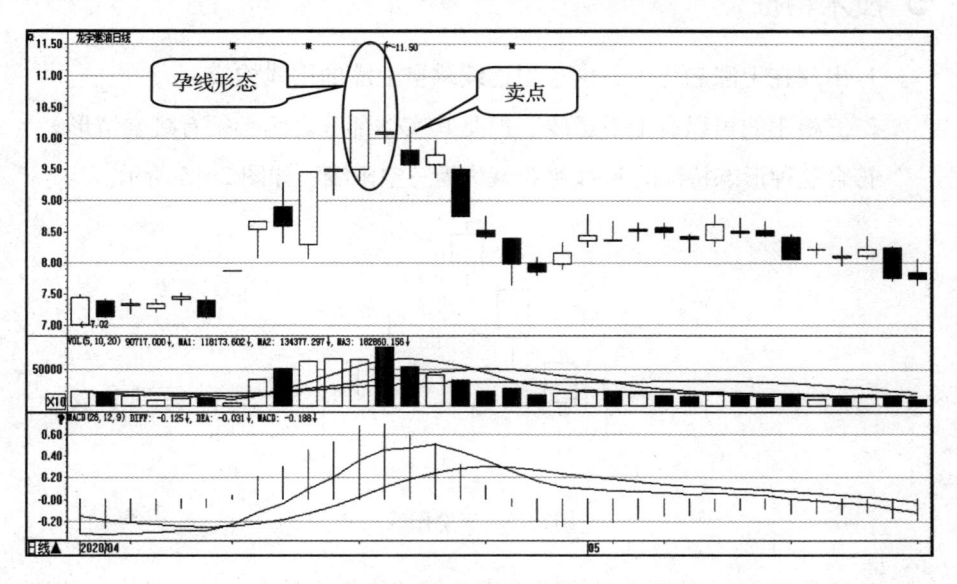

图2-14 龙宇燃油日K线

实战提高

1. 在孕线形态中，如果大阳线当日放出巨量，那么该形态发出的反转信号就大大增强。

2. 孕线形态出现后，如果随后的几个交易日，股价能向上突破孕线形态的最高点，说明股价有走强可能，投资者可以继续持股等待。

形态16：三空阳线

○ **技术特征**

1. 出现在上涨趋势中，由三根连续跳空上涨的阳线构成。
2. 三根阳线可以有上下影线，但是其实体部分之间必须有跳空情形。

符合这种形态特征的K线组合就称为三空阳线，如图2-15所示。

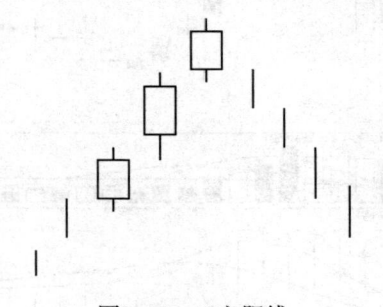

图2-15　三空阳线

三空阳线表示多方力量极度强盛，但"物极必反"，一旦股价上涨遇到阻力，之前的获利盘会竞相涌出，造成股价下跌。因此三空阳线虽然强势，但属于看跌信号。

出击卖点　　三空阳线形态形成后，如果股价走弱，说明股价上涨受阻，投资者应该适当降低仓位，保住已有利润。

○ **经典案例**

如图2-16所示，2020年2月18日至20日，石大胜华（603026）连续三个交易日出现跳空高开，形成三空阳线的 K 线组合形态，发出看跌信号。随后的两个交易日，该股形成高位放量阳线孕十字星，预示着获利盘已经大量涌出，股价将要进入下跌走势，卖点出现，此时投资者应该尽快清仓离场。

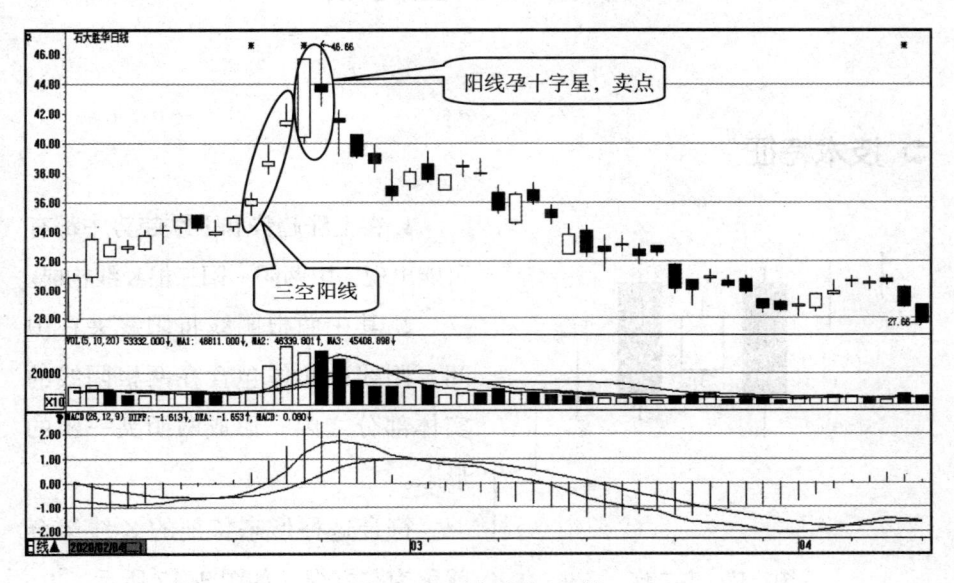

图2-16　石大胜华日K线

实战提高

1. 在三空阳线形态出现之前，股票需要有一段明显的上涨行情。之前股价涨幅越大，形态完成后股价反转的可能性就越大。

2. 股价连续跳空上涨过程中，如果成交量先是萎缩，到最后突然放大，说明获利卖盘汹涌出现，此时该形态的看跌信号将更加可靠。

3. 如果第三根阳线带有较长的上影线，说明上方抛压巨大，这时该形态的看跌信号更强。

4. 如果三根阳线的涨幅逐渐缩小，说明股价上涨受阻，该形态的看跌信号将更加可靠。

形态 17：空方炮

⊃ 技术特征

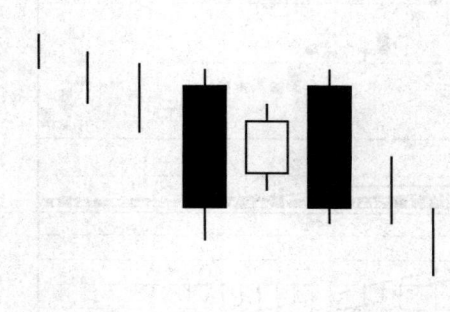

图2-17 空方炮

1. 在上涨趋势和下跌趋势中都有可能出现，由两阴一阳三根K线构成。
2. 其中两根阴线将阳线夹在中间，阳线的实体包含在两根阴线的实体部分之内，形成两阴夹一阳的形态。

符合这种形态特征的K线组合就称为空方炮，如图 2-17 所示。

在上涨行情末端或者下跌行情中，出现一根中阴线或者大阴线时，往往会有投资者认为股价已经调整到位，可以进场抄底；次日，收出一根小阳线，与前方的阴线构成身怀六甲形态，又会使投资者认为行情即将反转，纷纷买入股票，随后出现一根下跌的阴线，从而将买入的投资者套牢。

在上涨行情的末端或者下跌行情中出现空方炮形态，往往意味着主力在借助投资者的错误判断进行出货，是看跌信号。

出击卖点 空方炮形态形成后，如果股价走弱，说明股价将要进入下跌走势，投资者应该及时清仓离场。

⊃ 经典案例

如图 2-18 所示，2020 年 5 月中下旬，处于上涨行情末端的新经典（603096）在高位出现空方炮形态，预示着股价有反转的可能；随后一个交易日，该股持续下跌，表明盘中空方已经占据了优势，股价走势将要发生转变，卖点出现，此时投资者应该尽快卖出。

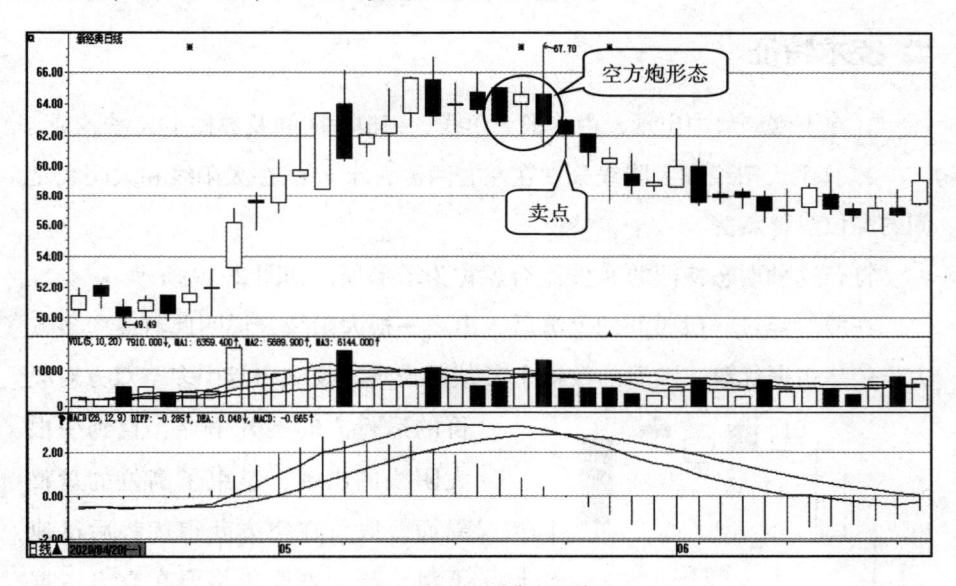

图2-18　新经典日K线

实战提高

1. 如果在空方炮形成前股价已经上涨了很长一段时间，空方炮无论实体部分长短，均为看跌信号。特别是空方炮中的阴线跌破短期均线时，为强烈的看跌信号。

2. 作为看跌信号，空方炮的看跌信号强度与成交量并没有太大关系。顶部出现放量空方炮，通常未来行情为放量杀跌；如果顶部出现缩量空方炮，则后市行情很可能变成无量杀跌。

形态18：塔形顶

◎ 技术特征

1. 在上涨趋势中出现，由一根大阳线、一根大阴线及数根小K线构成。
2. 其中大阳线和大阴线分别在左右两侧，小K线在大阳线和大阴线之间的高位盘整震荡。

符合这种形态特征的K线组合就称为塔形顶，如图2-19所示。

在股价经过一段时间的上涨后，出现一根大阳线，说明此时盘中多方力量依然占据优势，随后的数根小K线的出现，反映出盘中多空双方对股价的运行方向展开争夺，直到一根大阴线的出现，结束了高位的盘整局面，股价在空方获得优势后迅速下滑，预示着股价将要在空方占据优势的情况下进一步下跌，发出看跌信号。

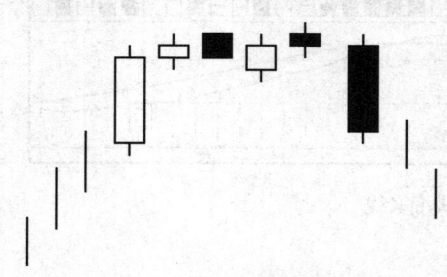

图2-19 塔形顶

出击卖点　　塔形顶形态的看跌信号较强，投资者应该在其形成后及时将手中筹码悉数卖出。

◎ 经典案例

如图2-20所示，2020年1月，处在上涨趋势中的岭南股份（002717）连续放量上涨，表明股价上涨动力充足；随后该股高位滞涨，在顶部出现多根大小不一的小K线，反映出市场中投资者对股价的方向预期的分歧越来越明显，直到1月23日，该股开盘后股价迅速下跌，最终收出一根大阴线，表明高位的盘整最终空方以绝对优势获胜，股价有进一步下跌的趋势，随后的交易日，股价继续走弱，卖点出现。

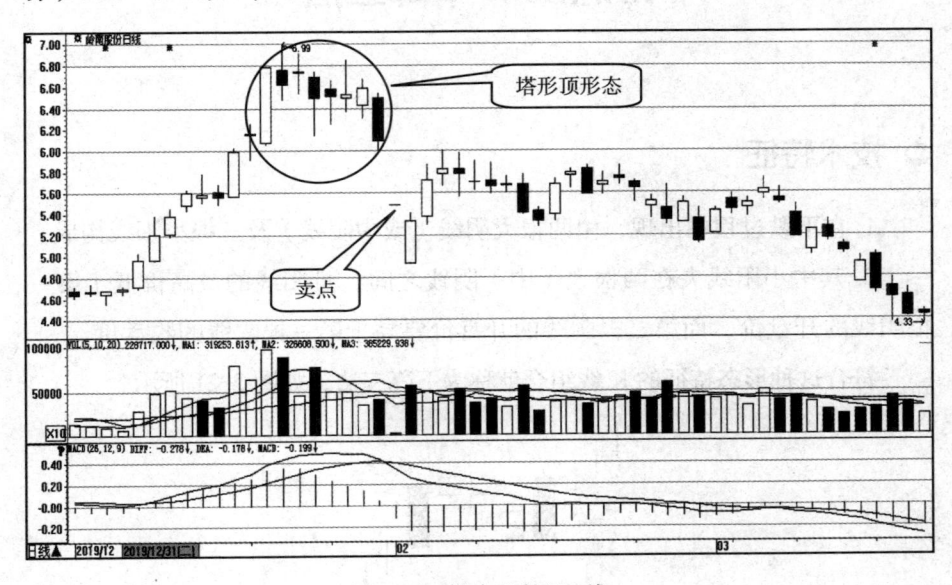

图2-20　岭南股份日K线

实战提高

1. 大阴线的下跌幅度越大，表示空方的做空动能越充足，这时看跌信号就越强烈。

2. 在大阳线和大阴线之间的小阳线或者小阴线越多，说明上涨动能越弱，看跌信号就越强烈。

3. 如果出现大阴线后股价高开，则这根阴线有可能是庄家在拉升股价前的洗盘，后市行情还可能会有转机。这时投资者可以先卖出部分股票，观察1~2个交易日后再决定是否把剩余股票全部卖出。

形态 19：下降三法

➲ **技术特征**

1. 在下跌过程中出现，由两根大阴线（或中阴线）及三根小阳线构成。
2. 其中小阳线夹在两根大（中）阴线之间，且阳线的最高价低于第一根阴线的开盘价，而第二根阴线的开盘价要高于第一根阴线的收盘价。

符合这种形态特征的 K 线组合就称为下降三法，如图 2-21 所示。

图2-21 下降三法

股价运行在下降趋势中时，当某一天出现一根大（中）阴线后，连续出现三根上涨的阳线，但阳线的最高点都没有超过这根阴线的开盘价，说明市场中的投资者做多意愿不是很强，三根阳线的出现仅是多方发起的小反弹走势，随后出现的一根大（中）阴线将反弹走势彻底终结，预示着股价将要进一步下跌，发出卖出信号。

出击卖点 下降三法形态本身出现在下跌趋势中，未持股的投资者可以继续观望，而已经买入股票的投资者则应该尽快将股票卖出。

⊃ 经典案例

如图 2-22 所示，2017 年 10 月 19 日至 10 月 27 日，处在下降趋势中的西宁特钢（600117）出现下降三法 K 线组合形态，说明股价在经过短时间的反弹走势后，再次遭到空方打压，将要延续之前的跌势继续运行，投资者要注意把握这个卖点。

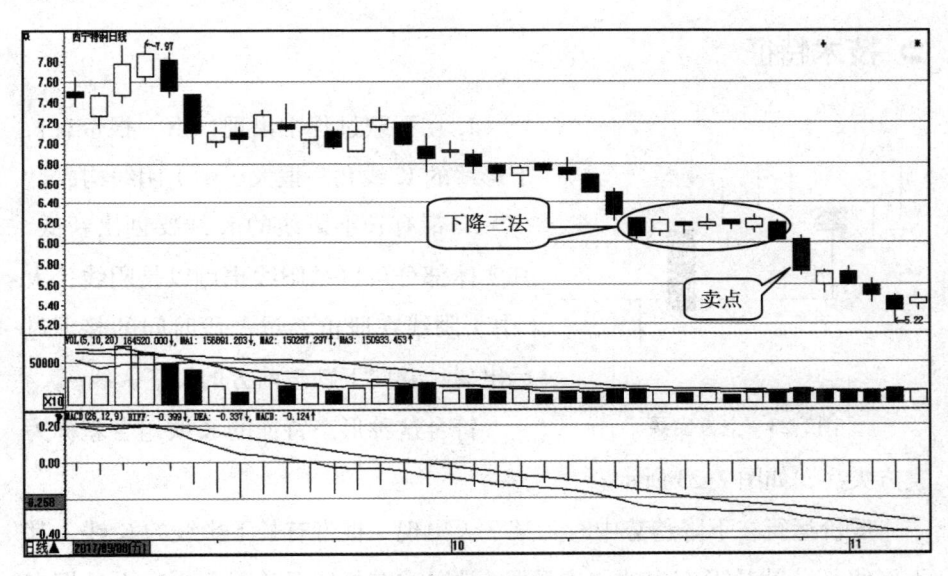

图2-22　西宁特钢日K线

实战提高

1. 如果出现三根阳线的同时成交量萎缩，而出现阴线时成交量放大，则下降三法的看跌信号会更加强烈。

2. 第二根阴线的跌幅越大，则空方力量越强，这时该形态的看跌信号会更加强烈。

形态 20：空方尖兵

⊃ 技术特征

1. 在下跌过程中出现，由一根带有长下影线的 K 线和一根大（中）阴线构成。

2. 带有长下影线的 K 线要创出新低，其实体部分可以是阳线也可以是阴线，大（中）阴线在股价经过一段时间的整理过后出现，并向下跌破前方的长下影线。

图2-23 空方尖兵

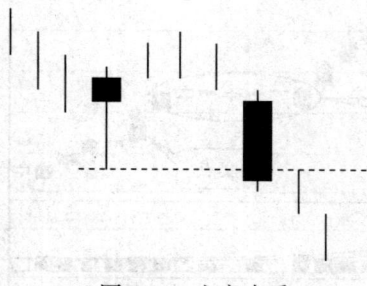

符合这种形态特征的 K 线组合就称为空方尖兵，如图 2-23 所示。

股价运行在下降趋势中时，某一天出现一根带有长下影线的 K 线，其下影线部分就是形态中的"尖兵"，是空方在打压股价过程中向下试探支撑位的信号，随后经过一段时间的震荡整理，出现一根大（中）阴线，该阴线向下有效跌破前面的下影线，预示着下方的支撑位在空方的打压下被跌破，股价有进一步下探的趋势，发出看跌信号。

出击卖点 空方尖兵形成后，预示着股价将要进一步下跌，有筹码的投资者应该尽快清仓。

⊃ 经典案例

如图 2-24 所示，2019 年 5 月 20 日，处在下降趋势中的长城电工（600192）

出现一根带有长下影线的K线，随后经过一段时间的震荡盘整，2019年5月31日，该股收出一根中阴线，且此阴线向下跌破了前方的带有长下影线K线的最低点，形成空方尖兵形态，预示着下方的支撑被击破，股价将要进一步下跌，发出卖出信号。此时手中有筹码的投资者应该及时卖出，持币观望的投资者应继续等待时机。

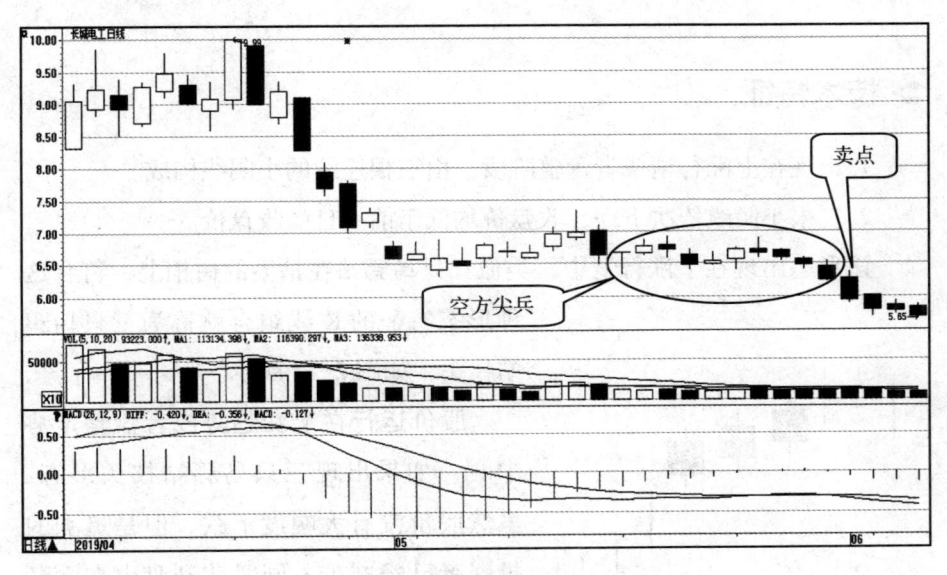

图2-24　长城电工日K线

实战提高

1. 只有等到大（中）阴线完成向下突破后空方尖兵形态才算是完成。在刚刚出现带下影线的K线后，投资者可以保持观望。如果下影线不被突破，这根K线有可能变成锤子线，为股价见底反弹的信号。

2. 如果出现大（中）阴线的同时成交量放大，则表示空方力量强劲，这时该形态的看跌信号更加强烈。

3. 在空方尖兵形态中，可能有多根带有长下影线的K线出现，这表示空方多次下探支撑位。下探次数越多，该形态的看跌信号就越强烈。

形态21：三只乌鸦站枝头

⊃ **技术特征**

1. 出现在上涨行情或者盘整阶段，由三根连续的小阴线构成。
2. 三根小阴线依次下跌，收盘价均低于前一日的收盘价。

该形态出现在上涨行情中，类似三只乌鸦站在枯萎的树梢上，符合这种形态特征的K线组合就称为三只乌鸦站枝头，如图2-25所示。

股价运行在上涨趋势或者盘整走势中时，如果出现三只乌鸦站枝头形态，虽然股价没有大幅度下跌，但是追涨的投资者已经减少，同时获利盘也在不断涌出，股价的下跌走势即将形成。因此，该形态为比较强烈的看跌信号。

图2-25 三只乌鸦站枝头

出击卖点 三只乌鸦站枝头形态形成后，预示着股价的跌势已经形成，股价将要进一步下跌，有筹码的投资者应该尽快清仓。

⊃ **经典案例**

如图2-26所示，2020年1月16日至20日，处在阶段涨势中的金种子酒（600199）出现三只乌鸦站枝头形态，预示着盘整走势结束，下跌走势已经初现端倪，发出卖出信号。随后的交易日，该股继续下跌，预示着盘中多方已经失去了股价运行的主导权，股价将要在空方的主导下进一步下跌，卖点出现。

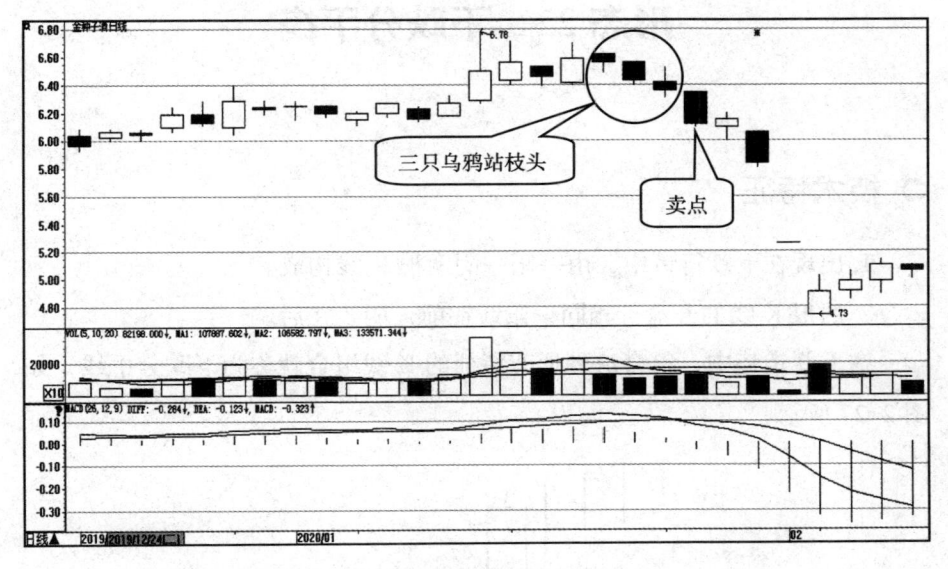

图2-26　金种子酒日K线

实战提高

1. 如果在出现三根小阴线的同时成交量逐渐放大，说明抛盘不断增加，该形态的看跌信号更加强烈。

2. 这三根小阴线的跌幅越大，则形态的看跌信号越强烈。如果形态中第二根阴线和第三根阴线均是跳空下跌，则说明空方力量强大，形态的看跌信号更加强烈。

3. 三只乌鸦形态中，三根小阴线的下影线越短，特别是第三根阴线的下影线越短，则说明下方支撑力量有限，该形态看跌信号就更加强烈。

形态 22：下跌分手线

➲ **技术特征**

1. 出现在下跌行情中，由一阳一阴两根 K 线构成。
2. 两根 K 线的开盘价相同，阳线在前，阴线在后。

在下跌走势中，符合这种形态特征的 K 线组合就称为下跌分手线，如图 2-27 所示。

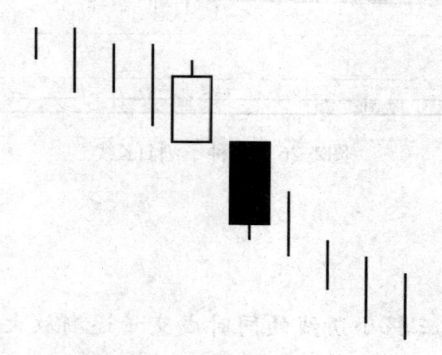

图2-27 下跌分手线

股价运行在下跌走势中，出现下跌分手线时，说明盘中空方依旧占据主导优势，股价的下跌走势，并没有因为一次反弹而结束，低开的大阴线再次将恐慌情绪带给投资者，可能引发更多的抛盘出现，发出看跌信号。

出击卖点 下跌分手线形态形成后，预示着股价的跌势未改，股价将要进一步下跌，持筹的投资者应该尽快清仓。

第 2 章 K 线组合的卖出形态

➲ **经典案例**

如图 2-28 所示，2020 年 3 月 9 日至 10 日，金鹰股份（600232）在经过短暂反弹后，出现下跌分手线，预示着盘中的空方力量开始占据优势，股价即将下跌，发出卖出信号。随后的一个交易日，该股低开且走势疲软，验证了下跌分手线发出的看跌信号，卖点出现。

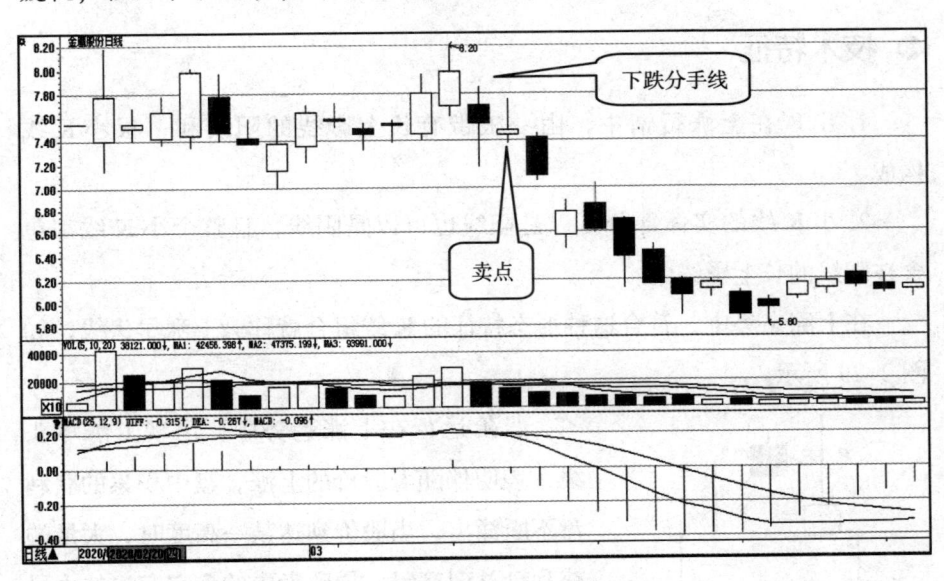

图2-28 金鹰股份日K线

实战提高

1. 下跌分手形态是下跌中继形态。在形态出现前需要有一段明显的下跌行情，无论这段下跌行情是长或短，在此之后出现该形态才是有效的看跌信号。

2. 形态中阳线和阴线的实体部分越长，则该形态的看跌信号越强烈。

形态 23：上涨尽头线

◐ **技术特征**

1. 出现在上涨行情中，由一根带有长上影线的阳线和一根小 K 线构成。

2. 小 K 线的实体部分可以是阳线也可以是阴线，且整个小 K 线都包含在阳线的长上影线中。

在上涨走势中，符合这种形态特征的 K 线组合就称为上涨尽头线，如图 2-29 所示。

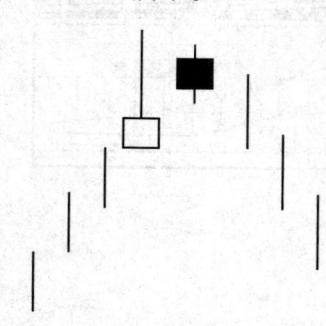

图2-29 上涨尽头线

股价运行在上涨趋势中，出现上涨尽头线，表明伴随着股价的上涨，盘中积累的获利盘不断涌出，当股价到达某一高度时，大量的获利盘兑现筹码，导致盘中的多空双方的力量发生根本改变，原本处于劣势的空方开始占据主动，股价上涨受阻，预示着股价将要见顶，发出卖出信号。

出击卖点 上涨尽头线形态形成后，预示着股价上涨受阻，走势将要发生转变，持筹的投资者应该尽快获利了结。

◐ **经典案例**

如图 2-30 所示，2019 年 4 月 18 日至 19 日，兴发集团（600141）股

价在经过短暂上涨后出现上涨尽头线，表明盘中的获利盘大量涌出，导致股价上涨受阻，股价有可能已经见顶，随后一个交易日该股低开低走，验证了上涨尽头线发出的看跌信号，卖点出现，此时投资者应该及时获利了结。

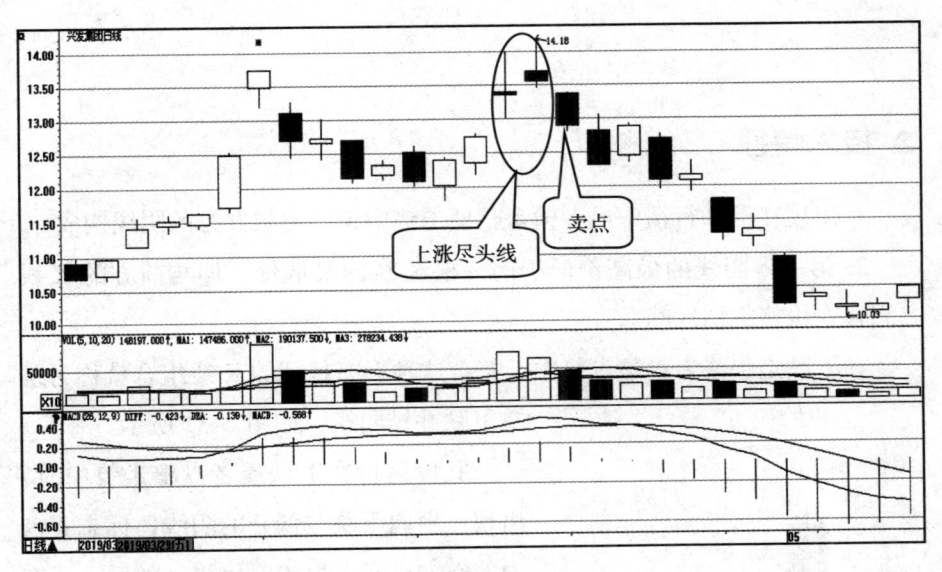

图2-30 兴发集团日K线

实战提高

1. 在上涨尽头线形态中，阳线的上影线越长，说明股价走势反转的信号越强烈。

2. 上涨尽头线形态中，小K线可以是阳线、阴线或者十字线，三者并没有本质区别。在实战中，一般认为这根K线的实体部分越短，则行情反转的信号越强烈。小十字线所发出的反转信号强度要超过小阳线或小阴线。

形态 24：跳空下跌并排阴线

◐ **技术特征**

1. 出现在下跌行情中或者横盘整理走势中，由两根并排的阴线构成。
2. 第一根阴线的最高价低于前一根 K 线的最低价，即与前方的 K 线之间存在价格空白区间。

在下跌走势或者盘整走势中，符合这种形态特征的 K 线组合就称为跳空下跌并排阴线，如图 2-31 所示。

股价运行在下跌或者盘整走势中时，出现一根向下跳空低开的阴线，标志着盘中的空方已经占据绝对优势，随后一个交易日，虽然开盘价在多方的努力下完成高开，但是盘中上涨动能的不足造成股价的快速回落，并没有能够回补缺口，预示着股价将要在空方的控制下进一步下跌，发出卖出信号。

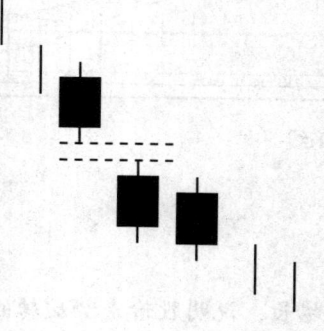

图2-31 跳空下跌并排阴线

出击卖点 跳空下跌并排阴线出现后，预示着股价将要继续延续跌势，持筹的投资者应该尽快止损出局。

◐ **经典案例**

如图 2-32 所示，2019 年 10 月 29 日至 31 日，江苏舜天（600287）在

一波下跌走势中出现跳空下跌并排阴线，表明盘中空方依旧占据着优势，股价将要继续在下跌趋势中运行，发出卖出信号。随后一个交易日，该股开盘后在窄幅区间内震荡，显示空方依旧主导着价格的波动，卖点出现。

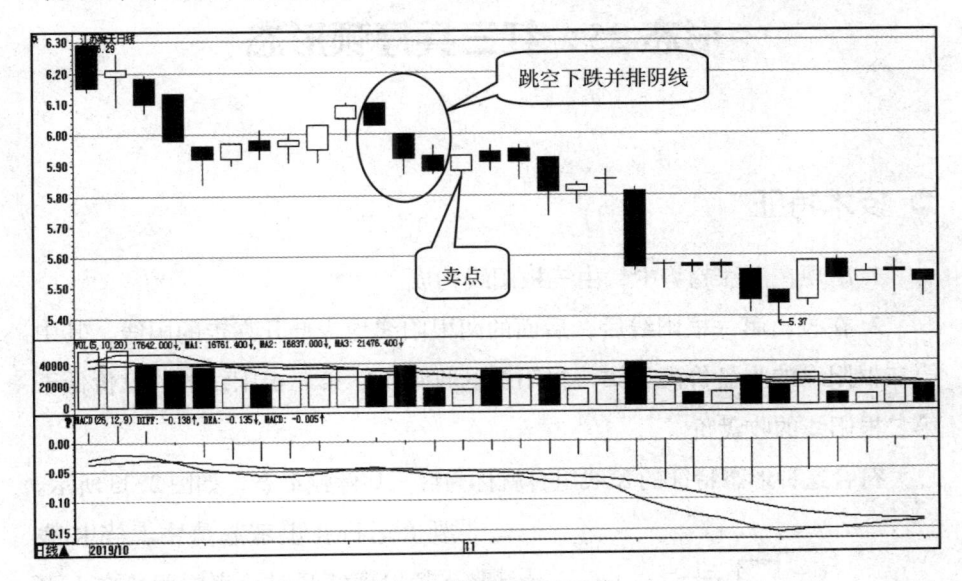

图2-32　江苏舜天日K线

实战提高

1. 如果第一根阴线是放量下跌而第二根阴线是缩量下跌，则说明空方力量强大，多方力量不足，此时该形态的看跌信号更强。

2. 第二根阴线的上影线越短，则表示多方反弹越无力，这时该形态的看跌信号就越强烈。

3. 第一根阴线的缺口位置会成为以后一段时间内股价运行的阻力位，股价以后在上涨到这个位置时可能会遇到较大压力。

形态25：红三兵停顿形态

⊃ 技术特征

1. 出现在上涨趋势中，由三根阳线构成。
2. 在收出第一根阳线后，后面的两根阳线均为低开高走的阳线，其中第二根阳线的收盘价高于第一根阳线的收盘价，第三根阳线的收盘价低于第二根阳线的收盘价。

符合这种形态特征的K线组合就称为红三兵停顿形态，如图2-33所示。

股价运行在上涨趋势中，当K线b和c都出现低开时，表明股价在上涨过程中遇到了阻力，多方力量消耗过大，而阳线c的低价收盘也验证了这一信号。当阳线c出现后，说明盘中空方的力量逐渐显现，股价有结束上涨转入下跌走势的可能，所以该形态为看跌形态，发出卖出信号。

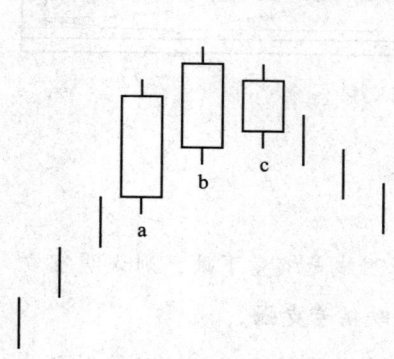

图2-33 红三兵停顿形态

出击卖点1 红三兵停顿形态形成时，预示着股价走势将要发生变化，持筹的投资者可以先降低仓位，以保证利润。

出击卖点2 红三兵停顿形态形成后，如果股价走势出现转弱迹象，表明反转信号得到验证，投资者应该立即清仓离场。

➲ 经典案例

如图 2-34 所示，2020 年 2 月 21 日至 25 日，股价处在上涨阶段的大恒科技（600288）现红三兵停顿形态。它表明空方已经逐渐占据优势，股价有转弱趋势。2020 年 2 月 26 日，该股低位开盘后股价再次下跌，红三兵停顿形态发出的看跌信号得到验证，卖点出现，此时投资者应该及时清仓离场。

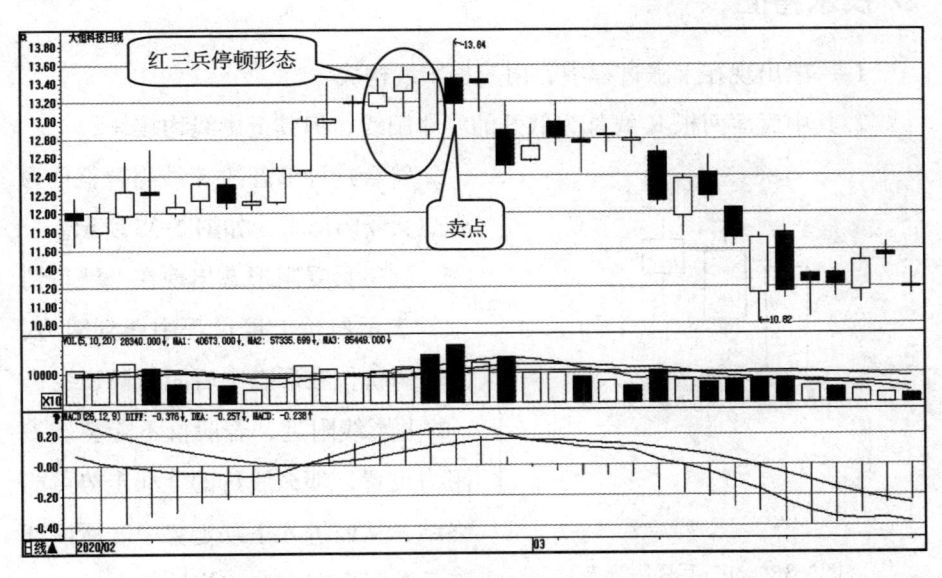

图2-34　大恒科技日K线

实战提高

1. 阳线 c 的下跌幅度越大，则红三兵停顿形态的看跌信号就越强烈。

2. 如果在红三兵停顿形态形成的同时，成交量逐渐萎缩，则能够验证多方乏力的信号，这时该形态的看跌信号更加强烈。

3. 如果阳线 b 带有较长上影线，说明上方抛盘压力较大，之后股价受阻回调的可能性更大。

形态 26：红三兵受阻形态

◐ **技术特征**

1. 一般出现在上涨过程中，由三根阳线构成。
2. 其中后面两根 K 线都为低开的实体阳线，但其上影线均较长。

符合这种形态的 K 线组合就称为红三兵受阻形态，如图 2-35 所示。

红三兵受阻形态出现在上涨行情中，表示股价上涨过程中遇到阻力，其阻力价位在形态中后面两根 K 线 b、c 的上影线附近，若股价不能突破该阻力位置，那么股价的上涨走势可能终结，从而进入下跌走势中。所以红三兵受阻形态为看跌信号。

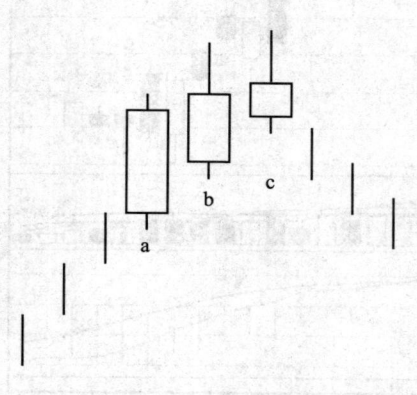

图2-35 红三兵受阻形态

出击卖点1 红三兵受阻形态形成的当天，投资者应该适当降低仓位，以保住已有利润。

出击卖点2 红三兵受阻形态出现后的交易日，如果股价出现走软迹象，说明股价走势已经转弱，那么投资者应该清仓离场。

⊃ 经典案例

如图2-36所示，2017年1月10日至12日，处在上涨走势中的新世界（600628）出现红三兵受阻形态。它说明盘中已经有大量的获利盘涌出，股价有继续走弱的可能。1月13日，该股再开盘后一路下跌，预示着股价已经走弱，投资者应该及时清仓离场观望，卖点出现。

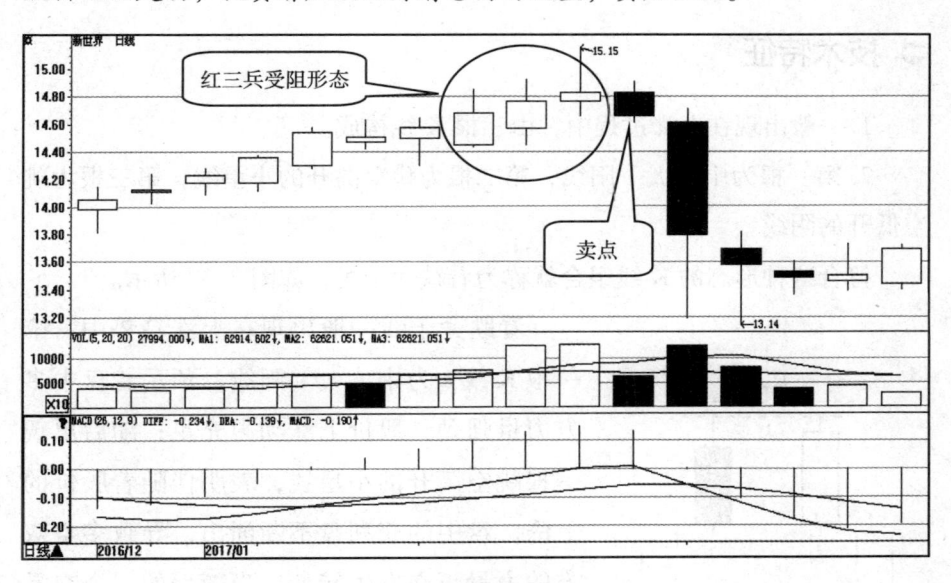

图2-36 新世界日K线

实战提高

1. 阳线b和阳线c的实体部分越短、上影线越长，则该形态的看跌信号越强烈。

2. 如果在出现上升受阻形态的同时成交量萎缩，说明多方上攻意愿不强，这时该形态的看跌信号更加强烈。

3. 上升受阻形态的压力位如果被突破，就会变成支撑位，未来股价再下跌到这个位置时可能会获得一定支撑。

形态 27：看跌舍子线

◎ 技术特征

1. 一般出现在上涨过程中，由三根 K 线构成。

2. 第一根为中（大）阳线，第二根为跳空高开的小星线，第三根为跳空低开的阴线。

符合这种形态的 K 线组合就称为看跌舍子线，如图 2-37 所示。

看跌舍子线一般出现在上涨趋势中，第一根 K 线 a 为中（大）阳线，预示着盘中多方力量强劲，股价上涨动力充足；随后出现一根跳空高开的小星线，表明伴随着股价的上涨，盘中的获利盘不断涌出，导致多空双方的力量正在发生转变；当随后的一个交易日出现跳空低开的阴线时，说明空方已经占据了主动，股价已经走弱。

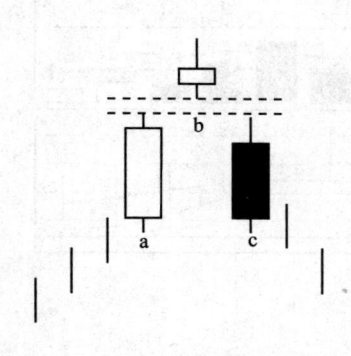

图2-37　看跌舍子线

出击卖点　看跌舍子线形态形成后，投资者应该及时将手中的筹码悉数卖出，离场观望。

◎ 经典案例

如图 2-38 所示，2020 年 1 月下旬，股价经过一段时间的上涨后，申达股份（600626）出现看跌舍子线形态。1 月 20 日，该股跳空高开，当天涨幅超过5%，预示着股价上涨动力充沛，多方占据绝对优势。1月21日，该股再次跳空高开，但盘中冲击涨停板未果后股价快速回落（最大涨幅近8%），最终收出一根带有较长上影线的小阴线，说明盘中多方双方争夺相当激励，股价方向不明朗。1月22日，该股直接跳空低开，并且股价在开盘后快速下滑，收出一根大阴线，表明盘中空方已经占据主动，股价将要继续下跌。1月23日，该股再次下跌，弱势尽显，投资者应该尽快清仓离场，卖点出现。

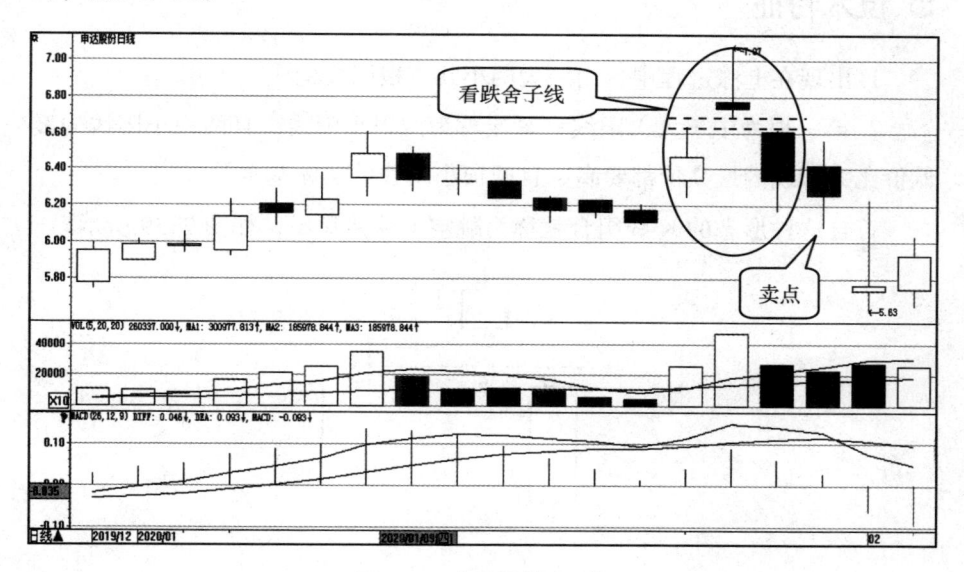

图2-38　申达股份日K线

实战提高

1. 看跌舍子线形态比较罕见。该形态一旦出现，股价将出现十分强势的反转。

2. K线a和b之间的跳空缺口越大，则该形态的反转信号越强烈。

3. 在实战中，只要K线a和b之间存在跳空缺口的组合就可以近似地作为舍子线形态看待。对K线b和c之间的缺口要求并不严格。但是，K线c的实体部分必须要深入到K线a的实体之中。

形态28：跳空上涨两颗星

○ 技术特征

1. 出现在上涨过程中，由一大两小共三根阳线构成。

2. 第一根为中（大）阳线，紧接着为两根小阳线，且两根小阳线的最低价比大阳线的最高价都要高，且两根小阳线的实体基本并排。

符合这种形态的K线组合就称为跳空上涨两颗星，如图2-39所示。

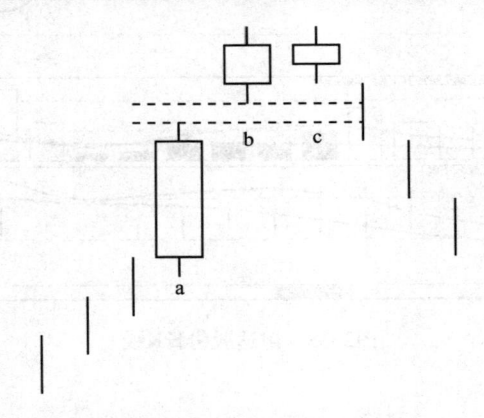

图2-39 跳空上涨两颗星

跳空上涨两颗星出现在上涨过程中，首先出现一根大（中）阳线，表明股价上涨动力充足，多方占据绝对优势；随后一个交易日，该股跳空高开但并没有能够将股价推高至较高水平，而是收出一根小阳线，显示多方仍然占据一定的优势。但伴随着股价的上涨，盘中的获利盘不断涌出。随后一个交易日，再次收出一根小阳线，表明股价的上冲动力已经不足。若在随后的交易日，股价向下跌破跳空缺口，那么股价走势很大可能转入跌势。所以，跳空上涨两颗星为看跌信号。

出击卖点1 跳空上涨两颗星形态形成时，投资者应该适当降低持仓仓位，以避免后市股价下跌时带来利润损失。

出击卖点2 跳空上涨两颗星形态形成后，若随后的交易日，股价出现走弱迹象，投资者应及时清仓离场。

⇨ 经典案例

如图2-40所示，2011年4月中下旬，处在上涨趋势中的丰华股份（600615）出现跳空上涨两颗星的K线组合形态。4月18日，该股跳空高开，并在早盘将股价封在涨停板上，显示出多方力量强盛，股价上涨动力充沛，4月20日，该股再次跳空高开，在向上创出阶段性新高后，股价开始回落，并最终收出一根小阳线，显示出股价在上涨过程中遇到阻力。4月21日，该股低开后冲击新高未果，随后股价快速回落，显示出盘中涌出

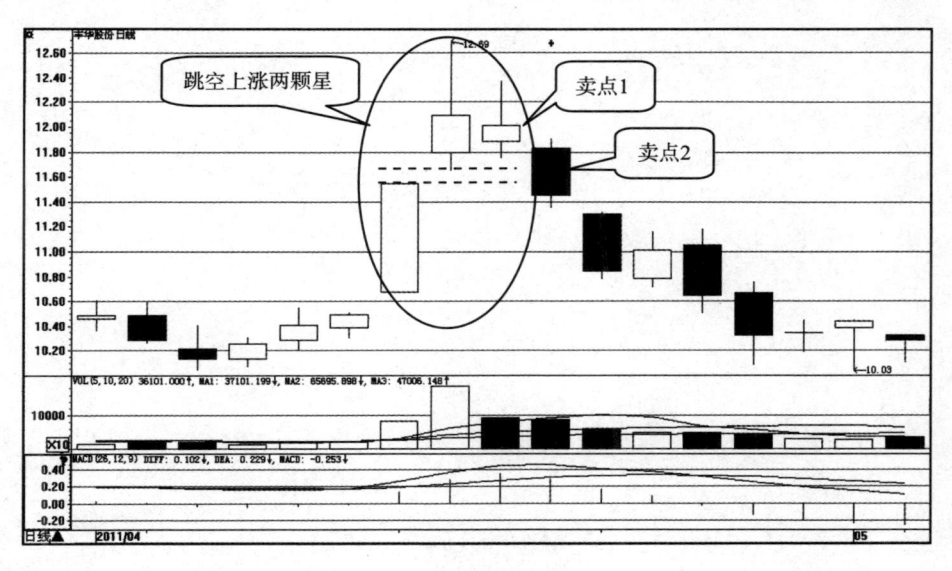

图2-40 丰华股份日K线

的获利盘不断增加，弱势已现，卖点1出现，此时投资者可以在尾盘适当减仓，避免随后股价下跌带来的利润流失。随后一个交易日，该股低开低走，并快速向下跌破之前的跳空缺口，显示空方已经占据绝对优势，股价将要进一步下跌，卖点2出现。此时，投资者应该及时清仓离场观望。

实战提高

1. 如果a、b、c三根阳线的成交量逐渐萎缩，说明推动股价上涨的多方力量逐渐衰竭，这时该形态的看跌信号更加强烈。

2. 跳空上涨两颗星有时也会演变成跳空上涨三颗星形态，即有连续三根小阳线位于跳空缺口上方，这种形态的技术含义与上涨两颗星相同。

形态 29：高位揉搓线

● 技术特征

1. 出现在上涨行情末端，由一根 T 字线和一根倒 T 字线构成。
2. T 字线和倒 T 字线的开盘价位于同一水平或几乎在同一水平上。

符合这种形态的 K 线组合就称为高位揉搓线，如图 2-41 所示。

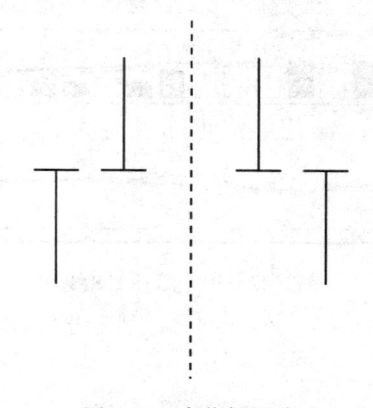

图2-41　高位揉搓线

在上涨趋势中，股价经过一段时间的上涨后出现一根 T 字线或者倒 T 字线，表明股价的上涨受到空方的打压，盘中的多方优势已不明显，空方逐渐占据主动，如果股价不能在短时间内向上突破倒 T 字线上方的阻力位置，那么股价走势将有可能出现反转。即高位揉搓线为看跌信号。

出击卖点 高位揉搓线出现后，如果在随后的交易日中，股价不能有力上攻，那么投资者应该即可清仓离场。

经典案例

如图 2-42 所示，2020 年 3 月 30 日至 31 日，恒丰纸业（600356）在一波短期上涨走势中出现高位揉搓线形态，显示空方已经占据主动。4 月 1 日，股价继续下跌，弱势尽显，卖点出现，此时投资者应该及时清仓离场。

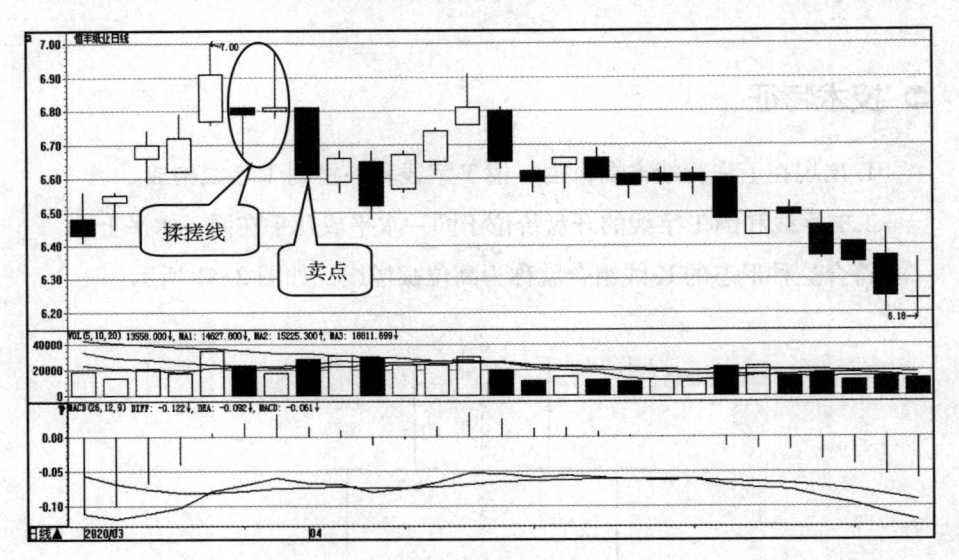

图2-42　恒丰纸业日K线

实战提高

1. 揉搓线中的上下影线越长，则行情反转信号越强烈。如果揉搓线的上下影线均很短，则不能构成市场行情反转的信号。

2. 如果出现揉搓线的同时成交量放大，则表示多空双方争夺激烈，该形态的反转信号更加强烈。

3. 在揉搓线形态中，先出现 T 字线还是先出现倒 T 字线并没有实质区别。但是在实战中，一般认为上涨行情中先出现倒 T 字线、后出现 T 字线，则未来行情反转下跌的可能性更大；在下跌行情中先出现 T 字线、后出现倒 T 字线，则未来行情反转上涨的可能性更大。

形态 30：跳空下跌卷轴线

⊃ **技术特征**

1. 一般出现在下跌行情或横盘整理过程中，由一阴一阳两根 K 线构成。

2. 首先出现的阴线与之前的 K 线之间存在向下的跳空缺口，阳线的实体进入阴线实体内，但并没有能够弥补缺口。

符合这种形态的 K 线组合就称为跳空下跌卷轴线，如图 2-43 所示。

在下跌趋势中，某一天出现一根向下跳空的阴线，意味着盘中空方力量强盛，之后

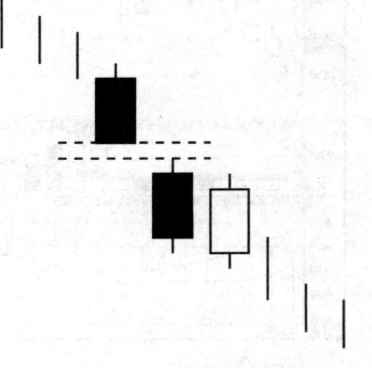

图2-43 跳空下跌卷轴线

出现一根阳线，从而形成曙光初现 K 线组合形态，但是上方的阻力仍在，如果随后的交易日中股价不能向上突破上方的阻力，那么股价将继续延续下跌走势，故跳空下跌卷轴线为看跌信号。

> **出击卖点** 跳空下跌卷轴线出现后，如果在随后的交易日中，股价没有能够向上回补缺口，那么投资者应该即可清仓离场。

⊃ **经典案例**

如图 2-44 所示，2020 年 3 月 9 日至 3 月 10 日，已经进入震荡走势

的中航电子（600372）出现跳空下跌卷轴线，显示出空方较强的动能。第二个交易日，股价虽然一度回补缺口但被迅速打压，最终收出一根长长的上影线，这是空方占据优势的表现，验证了跳空下跌卷轴线发出的卖出信号，卖点出现。

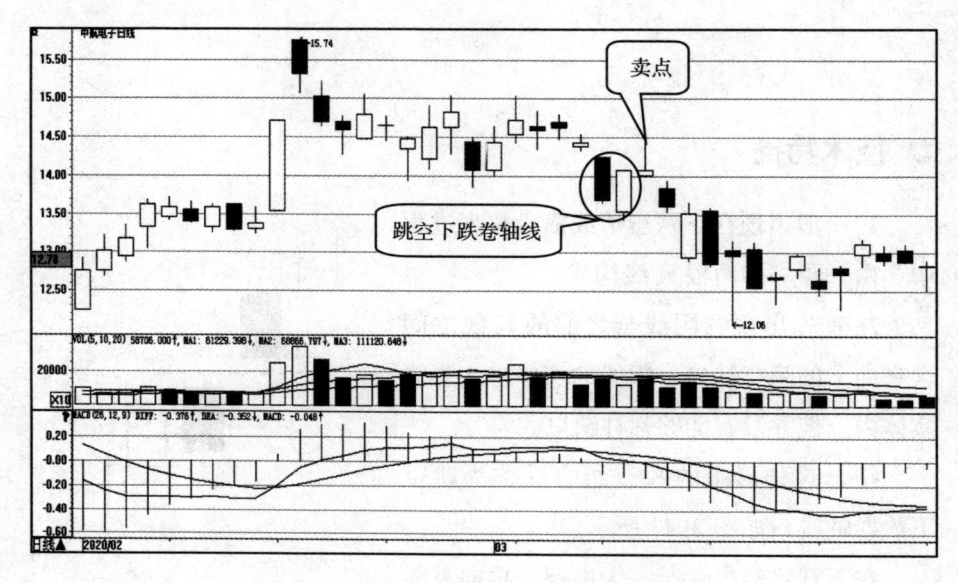

图2-44 中航电子日K线

实战提高

1. 跳空下跌卷轴线如果出现在下跌行情中，其看跌信号强度要超过横盘整理过程中出现的同样形态。

2. 如果形态中的阴线是放量下跌，而阳线是缩量上涨，则说明空方强势，多方弱势，这时该形态的看跌信号会更加强烈。

3. 如果股价能在几个交易日内弥补形态中阴线上方的缺口，则表示行情有转强的迹象，这时投资者可以试探性地买入股票。

形态 31：下降抵抗线

⊃ 技术特征

1. 一般出现在下跌行情中，由一根阳线构成。

2. 该阳线出现在连续下跌过程中，且阳线的收盘价低于前一根阴线的收盘价。

符合这种形态的 K 线组合就称为下跌抵抗线，如图 2-45 所示。

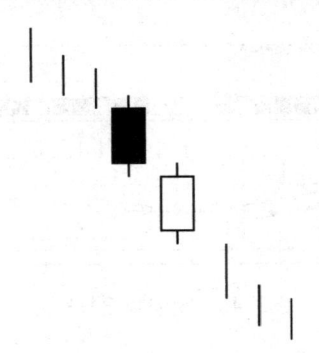

图2-45　下跌抵抗线

在连续下跌的趋势中，某一天出现一根阳线，而阳线的实体部分处于前一根阴线的实体部分之下，虽然实体为阳线，但是相对于前一交易日的收盘价，还是处于下跌状态中，故又称为假阳线，下跌抵抗线为下跌趋势仍将继续的信号。

出击卖点　　下跌抵抗线出现后，表明股价将要继续延续之前的跌势，投资者应该果断止损离场。

◯ 经典案例

如图2-46所示，2020年2月17日，处在连续下跌趋势中的宁沪高速（600377）出现下跌抵抗线。表明虽然盘中出现反弹，但是反弹的力度很弱，空方依然主导着股价的运行。随后一个交易日，股价小幅震荡，显得非常疲弱，此时投资者应该及时将手中筹码悉数卖出。

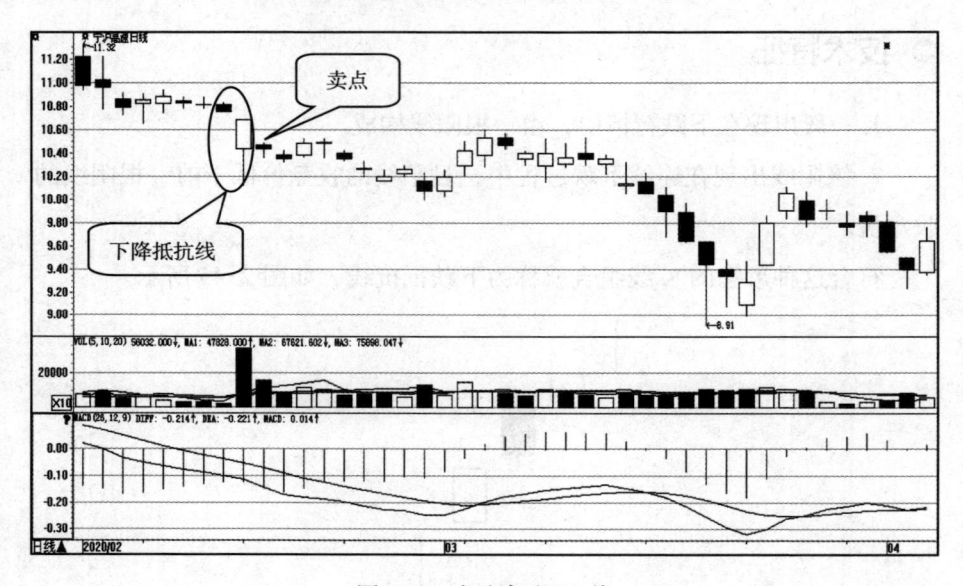

图2-46　宁沪高速日K线

实战提高

1. 假阳线的跌幅越大、成交量越小，则该形态的看跌信号越强烈。如果假阳线与阴线之间有跳空缺口，则该形态的看跌信号更加强烈。

2. 如果假阳线带有较长的上影线或者下影线，并且成交量较之前大幅放大，表示多空双方搏杀激烈，之后由哪一方主导行情存在很大的不确定性，这种情况下投资者可以先卖出股票。

形态32：双飞乌鸦

⊃ 技术特征

1. 出现在上涨行情末端，由一阳两阴三根K线构成。

2. 阳线在前，两根阴线在后，第一根阴线收盘价高于阳线的收盘价，第二根阴线的开盘价高于第一根阴线的开盘价，收盘价低于第一根阴线的收盘价。

符合这种形态的K线组合就称为双飞乌鸦，如图2-47所示。

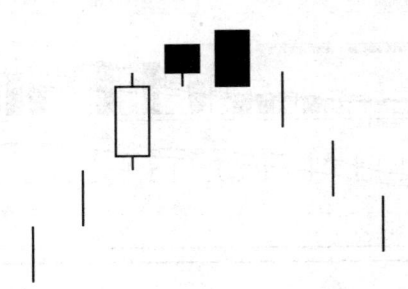

图2-47 双飞乌鸦

在上涨趋势中，在出现一根大（中）阳线之后，出现一根假阴线，预示着盘中多方力量衰竭，股价上涨乏力；随后再次出现一根高开的阴线，该阴线将前一根阴线完全包含在内，形成穿头破脚的K线组合，显示出空方已经占据主动，发出卖出信号。

出击卖点 双飞乌鸦形态出现后，投资者应该及时获利了结，避免股价下跌带来的利润流失。

➲ 经典案例

　　如图2-48所示，2020年3月下旬，处在上涨走势中的长城电工（600192）出现双飞乌鸦K线组合形态。预示着多空双方力量已经转换完毕，此时空方占据主动，股价走势将要反转，发出卖出信号。形态出现后的一个交易日，该股低开低走，疲态尽显，卖点出现，此时投资者应该果断清仓出局。

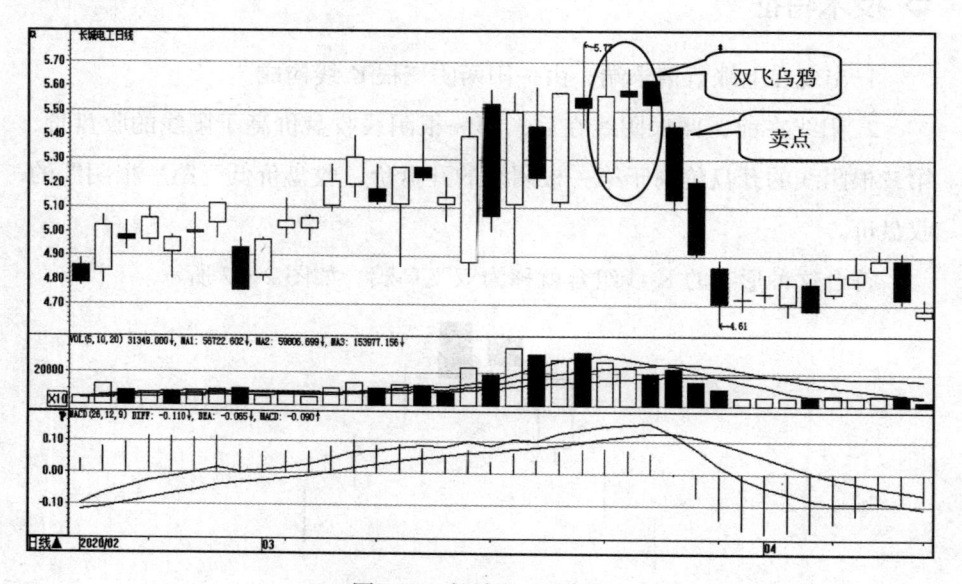

图2-48　长城电工日K线

实战提高

　　1. 双飞乌鸦出现之前股价上涨幅度越大，则该形态的看跌信号越强烈。

　　2. 形态中阳线的上影线越长，说明抛盘压力越大，该形态看跌信号的可靠性就越高。

　　3. 双飞乌鸦形成过程中成交量越大，则该形态的看跌信号越强烈，之后股价可能的下跌空间也就越大。

第 3 章
多根 K 线的卖出形态

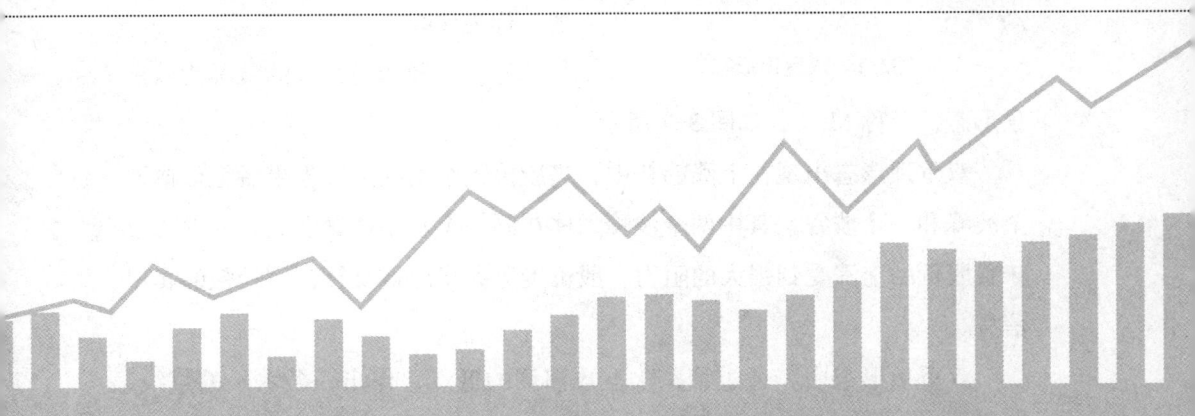

形态 33：双重顶

⊃ **技术特征**

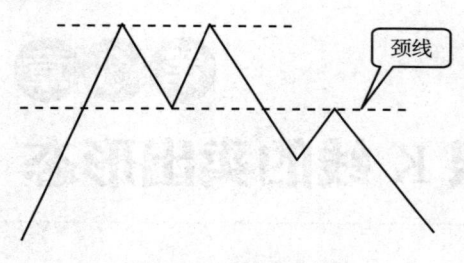

图3-1 双重顶形态

1. 出现在上涨过程中，K线在顶部形成两个波峰和一个波谷。

2. 两个波峰基本位于同一价格水平上，通过波谷可以得出一条水平线，称为颈线。

符合这种形态特征的就称为双重顶形态，又称 M 头，如图 3-1 所示。

双重顶形态出现在上涨趋势中，当股价连续两次上攻未果后会形成两个波峰和一个波谷，其中两个波峰大体在同一个水平位置上。这种形态意味着股价的上涨受到强大的阻力，股价走势即将出现反转，为较强的卖出信号。

双重顶形态中，通过第一次上攻回调的低点，作出一条水平的直线，可以得到该形态的颈线，股价对颈线的突破是判断卖点的重要依据。

出击卖点1 当股价向下跌破双重顶形态的颈线时，投资者应该及时卖出手中筹码，以免被套在高位。

出击卖点2 股价跌破颈线后可能会出现反弹走势，当股价反弹至颈线附近再次遇阻回落时，投资者应清仓离场。

⊃ 经典案例

如图 3-2 所示，2019 年 3 月至 5 月份，浙江富润（600070）股价走势形成一个双重顶形态。通过回调低点画出一条水平直线，即双重顶的颈线。5 月 20 日，股价一路下滑，并一举跌破双重顶颈线，双重顶形态得到确认，股价将要进入下跌走势，卖点 1 出现；随后股价在下跌一段时间后出现反弹走势，股价在颈线附近再次遇阻回落，卖点 2 出现。

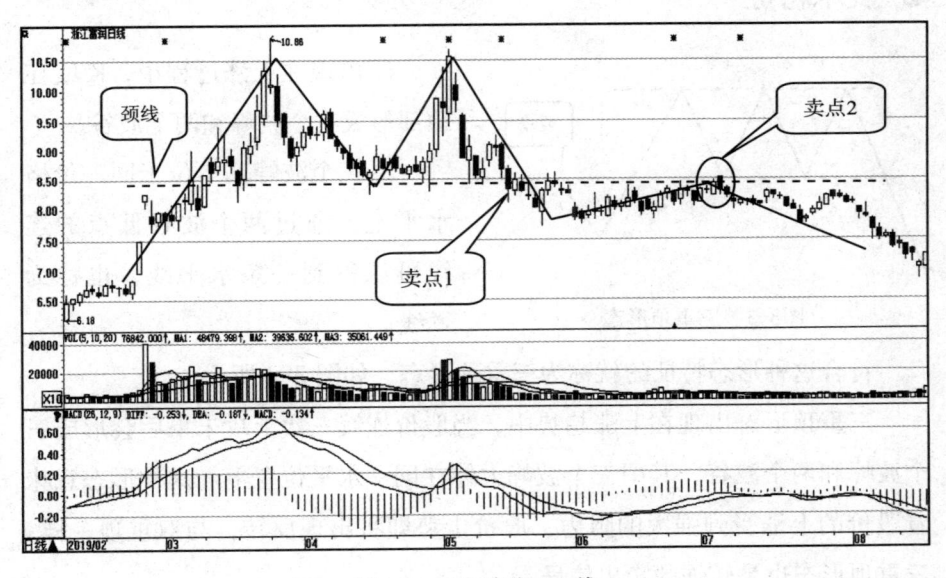

图3-2 浙江富润日K线

实战提高

1. 双重顶形态完成后股价可能有小幅回抽，也可能没有，因此投资者尽量不要死等回抽作为卖出点。

2. 投资者可以通过双重顶的顶部与颈线之间的距离推算之后的下跌幅度，这个距离越长，则未来股价下跌的幅度会越大。

形态 34：三重顶

⊃ 技术特征

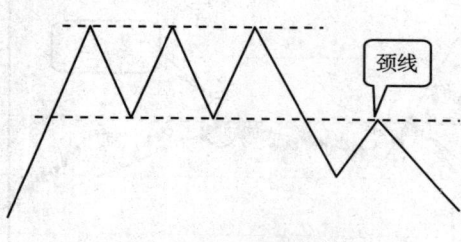

图3-3 三重顶形态

1. 出现在上涨过程中，K线在顶部形成三个波峰和两个波谷。
2. 三个波峰基本位于同一价格水平上，通过两个波谷低点的连线可以得到一条水平线，也称为颈线。

符合这种形态特征的就称为三重顶形态，如图 3-3 所示。

三重顶形态出现在上涨趋势中，当股价连续三次上攻未果后会形成三个波峰和两个波谷，其中三个波峰大体在同一水平位置上。这种形态意味着股价的上涨受到强大的阻力，股价走势即将出现反转，与双重顶一样，三重顶形态也是较强的卖出信号。

在三种顶形态中，将股价在上攻后的回调低点用直线连接起来便得到该形态的颈线，该形态的卖点一般以股价对颈线的突破为依据。

出击卖点1 当股价向下跌破三重顶形态的颈线时，投资者应该及时卖出手中筹码，以免被套在高位。

出击卖点2 股价跌破颈线后可能会出现反弹走势，当股价反弹至颈线附近再次遇阻回落时，投资者应清仓离场。

⇨ 经典案例

如图 3-4 所示，2019 年 2 月至 4 月，原来运行在上涨趋势中的中直股份（600038）K 线图中出现三重顶，将其在高位回调产生的两个低点相连得到三重顶形态的颈线。4 月 23 日，该股大幅下跌，盘中一举跌破该形态的颈线，三重顶形态得到确认，卖点出现，随后股价进入下跌走势。

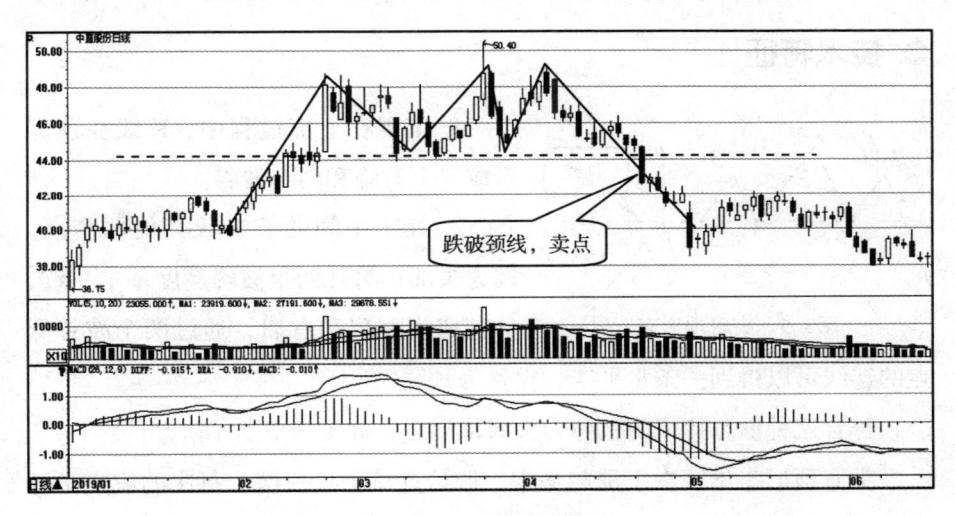

图3-4　中直股份日K线

实战提高

1. 标准的三重顶应该是在三个顶部形成过程中，成交量依次减少。

2. 投资者可以通过三重顶的顶部与颈线之间的距离推算之后的下跌幅度。这个距离越长，则未来股价下跌的幅度会越大。

3. 股价跌破颈线后可能有小幅回抽也可能没有，因此投资者不能将回抽点作为唯一的卖出点。

4. 在三重顶形成过程中，股价经过多次反复波动，多方力量已经被彻底的消化。因此，在其他条件相同的情况下，三重顶的信号强度要超过倒 V 形顶和双重顶形态。

形态35：头肩顶

⊃ 技术特征

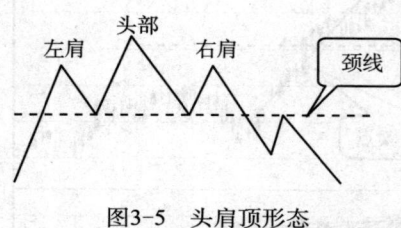

图3-5 头肩顶形态

1. 出现在上涨过程中，K线在顶部形成三个波峰和两个波谷。

2. 处于中间的波峰较其他两个高，成为头部，另外两个波峰高度基本一致，分别成为左肩和右肩，通过两个波谷低点的连线可以得到一条水平线，也称为颈线。

符合这种形态特征的就称为头肩顶形态，如图3-5所示。

头肩顶形态出现在上涨趋势中，股价连续上攻三次，每次的成交量呈现递减的状态，说明股价在上涨过程中盘中的追涨力量越来越弱，股价的上涨已经到了尽头，所以头肩顶形态也是一种反转形态，为见顶信号。

在头肩顶形态中，将左肩和头部回调的低点用直线相连接，可以得到该形态的颈线，与双重顶和三重顶的颈线类似，该形态中的颈线也是判断卖点的重要依据。

出击卖点1 当股价向下跌破头肩顶形态的颈线时，投资者应该及时卖出手中筹码，以免被套在高位。

出击卖点2 股价跌破颈线后可能会出现反弹走势，当股价反弹至颈线附近再次遇阻回落时，投资者应清仓离场。

➲ 经典案例

如图 3-6 所示，在 2018 年 12 月至 2019 年 4 月，森特股份（603098）在 14 元附近反复震荡，K 线走势构筑了一个头肩顶形态。2019 年 4 月 29 日股价跌破颈线位置，头肩顶形态宣布成立，卖点出现。

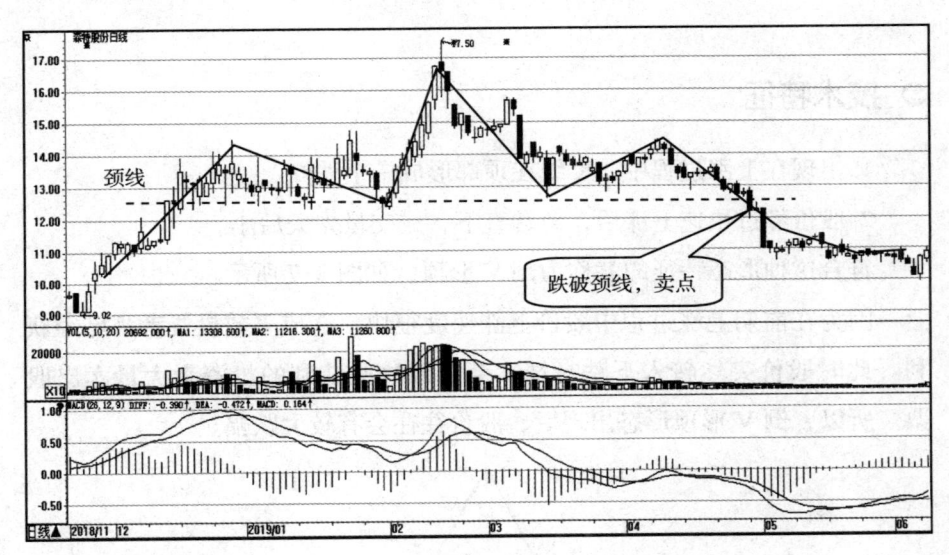

图3-6　森特股份日K线

实战提高

1. 头肩顶形成时间越长，则该形态的看跌信号就越强烈。

2. 股价跌破颈线后可能有小幅回抽也可能没有，因此投资者不能死等回抽作为卖出点。

3. 在头肩顶形成的过程中，如果左肩至右肩的成交量呈现出递减趋势，那么见顶信号更强。

4. 在股价跌破颈线后的回抽过程中，KDJ、RSI 等指标可能出现低位金叉。但只要股价没有放量向上突破颈线，投资者就不能按照这些信号贸然买入股票。

形态 36：倒 V 形顶

⮕ **技术特征**

1. 出现在上涨过程中，K 线在顶部形成一个波峰。
2. 股价经过快速上涨后，急转直下，成交量先大后小。

符合这种形态特征的就称为倒 V 形顶，如图 3-7 所示。

因为在前期上涨过程中股价上涨速度很快，造成多数投资者都已经获利。此时股价突然转入下跌行情，会导致这些获利的投资者大量卖出股票。所以，倒 V 形顶形态出现后，股价往往会有较大跌幅。

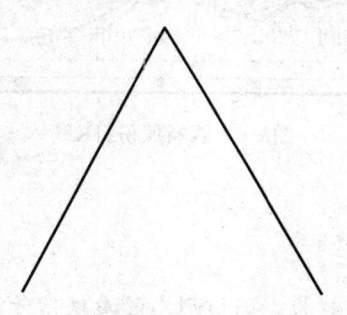

图3-7 倒V形顶

出击卖点 当股价在经过一段时间的快速拉升后出现放量下跌，倒 V 形顶形态基本可以确定，卖点出现。

⮕ **经典案例**

如图 3-8 所示，2020 年 2 月 24 日、25 日，运行在上涨走势中的碳元科技（603133）开始加速上涨。2月26日，股价在顶部出现高位孕育形态，表明短期内下跌动能占据优势，卖点1出现。之后该股快速下跌，然后反弹。2020年3月9日的大阴线说明反弹遇阻，此时卖点2出现，投资者可以清仓卖出。

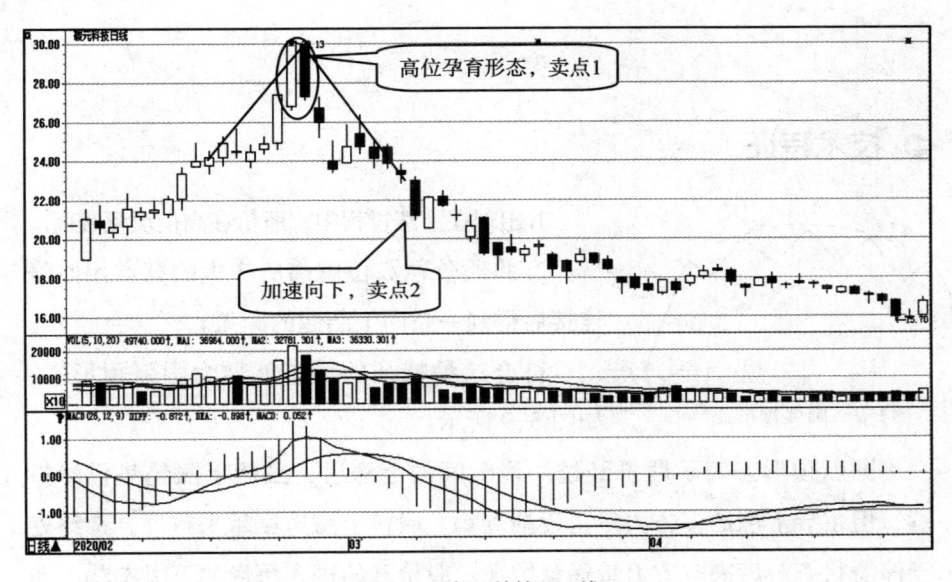

图3-8 碳元科技日K线

实战提高

1. 倒V形顶一旦形成，股价下跌的速度会很快，因此投资者一看到这个形态就应该果断卖出。

2. 股价前期上涨速度越快，涨幅越大，则之后的下跌行情就会越凶猛。

3. 在倒V形顶端的成交量越大，则该形态的看跌信号就越强烈。

形态 37：圆弧顶

⇨ **技术特征**

1. 出现在上涨过程中，股价在高位反复震荡。
2. 将股价在高位震荡所产生的高点用曲线连接后得到一条向上凸起的圆弧。

符合这种特征的形态就称为圆弧顶形态，如图 3-9 所示。

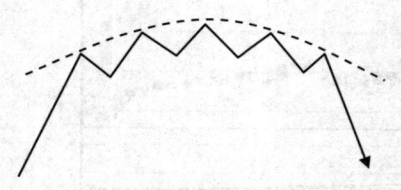

图 3-9　圆弧顶形态

圆弧顶形态表示股价经过一段时间的上涨后，虽然上涨趋势仍然持续，但主导上涨的多方力量正逐渐衰竭。股价上涨速度越来越慢，最终处于停滞状态。后来空方力量逐渐增强，股价开始进入缓慢的下滑态势，而且下跌速度逐渐变快。当人们发现股价下跌势头形成时，头部就出现一个明显的圆弧状。因此，圆弧顶也是一种见顶信号。

出击卖点1　当投资者发现股价在经过一段时间的上涨后出现滞涨，随后又出现弱势下跌走势时，应该适当降低仓位。

出击卖点2　当股价下跌趋势确立，且下跌速度不断加快时，投资者应该清仓离场，持币观望。

⇨ **经典案例**

如图 3-10 所示，2019 年 2 月下旬至 4 月下旬，运行在上涨趋势中的快克股份（603203）出现圆弧顶形态。3月20日，该股在创出阶段性新高的同时收出一根放量大阴线，表明盘中多方力量开始衰竭，股价有走弱趋势，卖点1出现。之后该股两次反弹向上，都显乏力，形成了明显的圆弧顶形态。4月25日，该股加速下跌，跌破前期的低点，这是下跌动能加速释放的标志，卖点2出现。

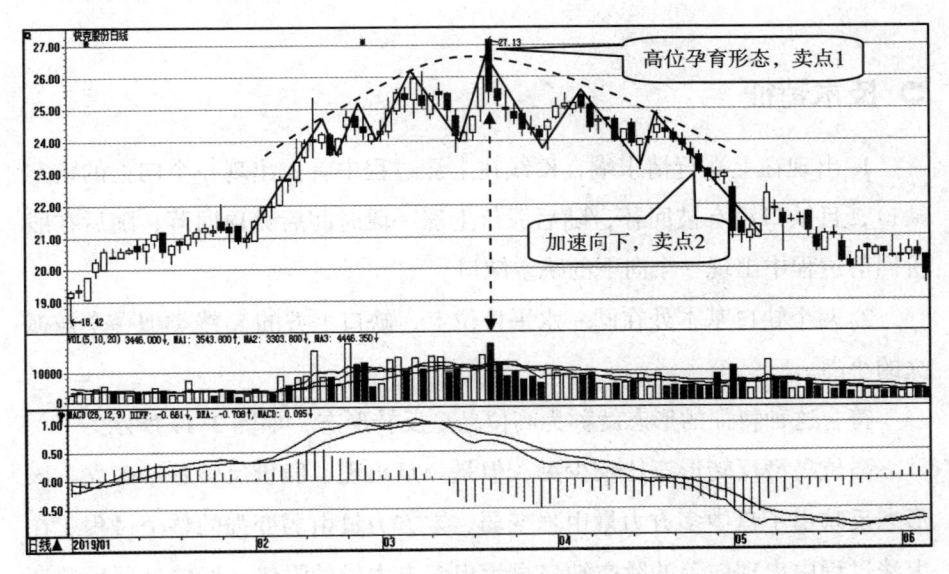

图3-10　快克股份日K线

实战提高

1. 如果在股价减速上涨时成交量萎缩，而股价加速下跌时成交量放大，成交量与股价同步形成圆弧形状，则圆弧顶形态的看跌信号更加强烈。

2. 圆弧顶形成的时间越长，说明多空双方的转换越彻底，这时圆弧顶形态的看跌信号就更加强烈。

3. 圆弧顶形态与K线组合的圆顶形态有所不同。圆顶是短线看跌的K线组合，所有K线均处于圆弧上；而圆弧顶属于中长线看跌的K线形态，只是股价反复波动过程中的最高点处于圆弧之上。

形态 38：高位岛型反转

➲ 技术特征

1. 出现在上涨行情末端，K线在上涨过程中首先出现一个向上的跳空缺口，且缺口没有被回补，随后股价上涨一段时间后见顶回落，随后在股价回落过程中出现一个向下的跳空缺口。

2. 两个缺口基本处在同一水平价位上，缺口上方的K线类似一个被孤立的小岛。

符合这种特征的形态就称为高位岛型反转形态，如图3-11所示。

高位岛型反转形态比较少见，但是一旦出现，股价反转基本确立。该形态反映出了盘中多方力量由强变弱、空方力量由弱变强的整个过程。在上涨过程中出现向上的跳空缺口显示出多方力量的强势，股价见顶后逐渐回落，表明随着股价的上涨，获利盘不断涌出，造成空方力量渐强，向下的跳空缺口的出现标志着反转形态确立。

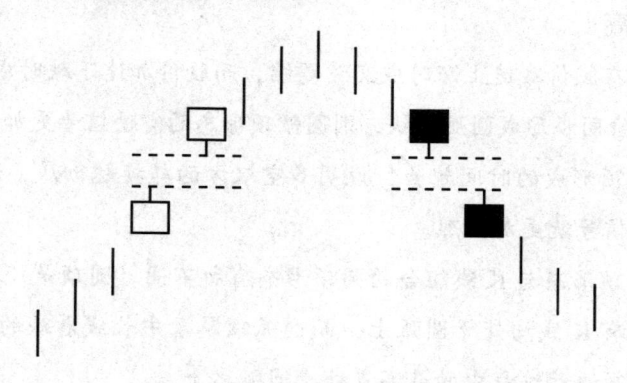

图3-11 高位岛型反转

>>> **出击卖点** 当股价在顶部逐渐回落并产生向下的跳空缺口时，表明岛型反转形态确立，投资者应该及时执行卖出操作。

⇨ 经典案例

如图3-12所示，2018年1月19日，运行在上涨走势中的青海春天（600381）出现向上的跳空缺口，表明盘中的多方力量强劲，股价上涨动力充沛；随后股价在顶部区域形成孕育形态，此时为了避免利润流失，投资者可以执行减仓操作，卖点1出现。股价经过一段时间的回落后，2月1日，该股出现向下的跳空缺口，表明盘中空方已经占据绝对优势，岛型反转形态确立，股价将要进一步下跌，卖点2出现。

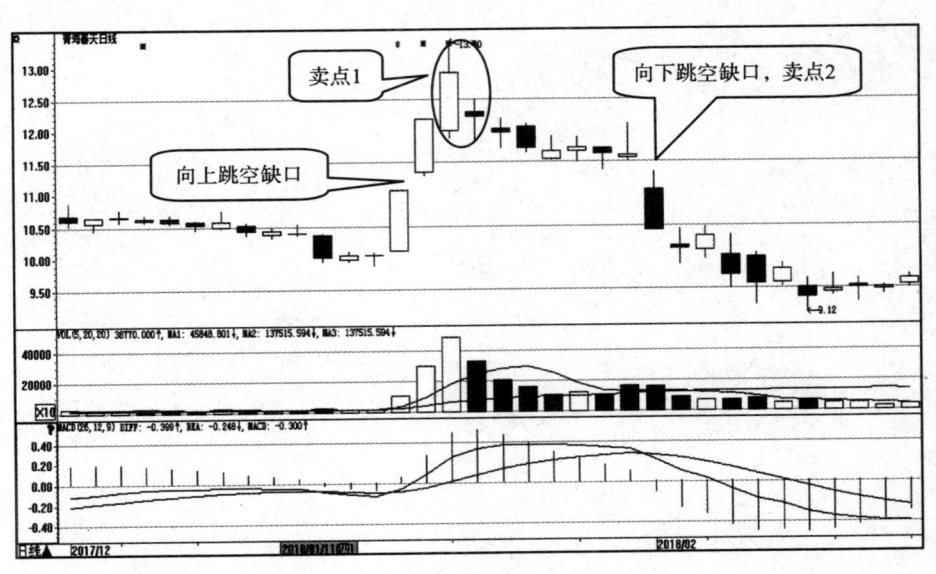

图3-12 青海春天日K线

实战提高

1. 岛形反转的两个缺口之间的总换手率（可以是短时间内的大量换手或长时间内的微量换手）越大，表示被套牢在"孤岛"上的投资者越多，此时该形态的看跌信号就会越强烈。

2. 两个缺口的间隔时间越短，则该形态的看跌信号越强。在实战中，由2~4个交易日构成的"孤岛"，其反转信号最强烈。

3. 顶部岛形反转一旦形成，缺口位置会变成重要的压力位，未来股价上涨到这个位置时很可能会遇到较大阻力。

第 4 章
K 线图的其他卖出形态

形态39：跌破前期低点

➲ 技术特征

1. 出现在下跌趋势中，股价在经过一段时间的下跌后，在某一价位处获得支撑，并出现反弹走势。

2. 随后股价在经过一段时间的反弹后，继续下跌，并向下跌破前期支撑位处的低点。

如图 4-1 所示。

在下跌趋势中，如果股价在某一价格水平获得支撑后，开始企稳回升，那么股价的走势一般就两种可能性，一个是反转，另一个是反弹。当股价回升到一定高度后出现再次下跌，如果能够在前期低点之前止跌，那么股价反转的可能性较大；如果股价下跌并跌破了前期低点，那么预示着股价还有一定的下跌空间，前方的止跌回升仅仅是一波反弹。

所以当股价向下跌破前期低点时，意味着股价将要继续下跌，此时投资者应该及时止损出局，避免损失进一步扩大。

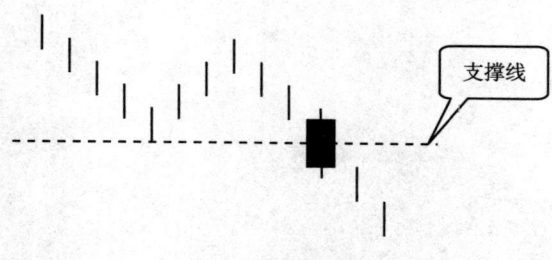

图4-1 跌破前期低点

支撑线

出击卖点 股价向下跌破前期低点时，意味着股价还有一定的下跌空间，投资者应该及时止损出局。

⊃ 经典案例

如图 4-2 所示，2019 年 11 月至 2020 年 1 月，处在下跌趋势中的华能水电（600025）在 4.1 元附近获得有效支撑，并开始企稳回升。该股在持续了一个多月的震荡回调后，该股股价开始走弱，并于 2020 年 1 月 16 日向下跌破了前期低点，表明股价还将进一步下跌，卖点出现。

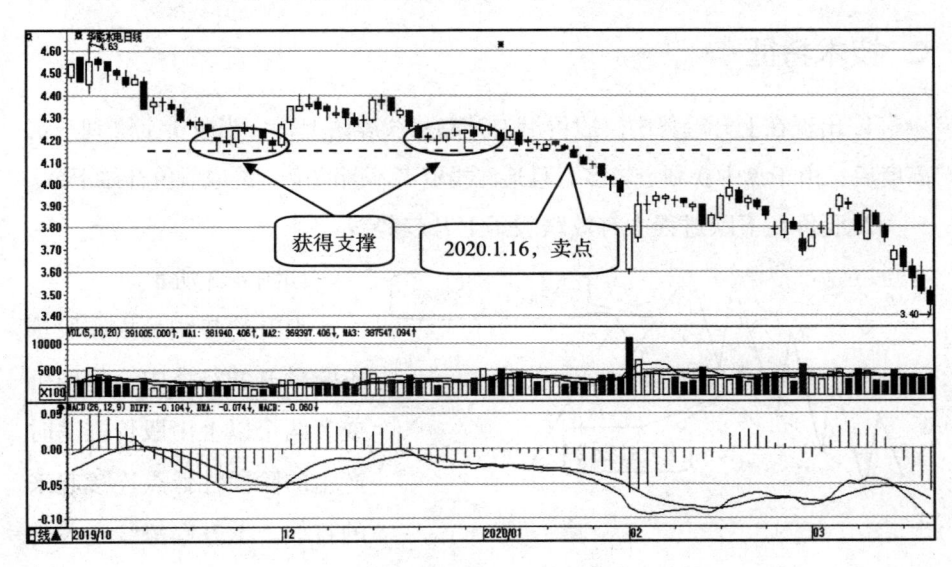

图4-2 华能水电日K线

实战提高

1. 当股价向下跌破前期低点的同时，如果成交量能够跟随放大，并收出一根中（大）阴线，那么后市看跌意味更浓。

2. 如果在前期低点所处的价位上出现一个向下的跳空缺口，那么后市看跌信号更强。

形态40：跌破上升趋势线

◯ **技术特征**

1. 出现在上升趋势中，股价沿上升趋势线震荡上行，当股价上涨到一定高度后，由于盘中获利盘较多，且追涨投资者不断减少，造成股价开始下跌。

2. 股价在下跌过程中有效跌破了上升趋势线。

如图4-3所示。

上升趋势线是指在股价不断攀升的行情中，将两个或者两个以上由股价震荡时产生的阶段性低点连接起来的直线。上升趋势线在股价的运行过程中，对股价有一定的支撑作用，只要股价运行在上升趋势线之上，就说明股价的上升趋势没有改变；而当股价向下跌破上升趋势线就意味着上涨走势的终结。

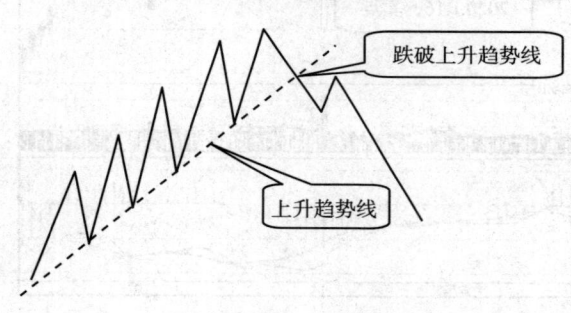

图4-3 跌破上升趋势线

在上涨走势中，随着股价的不断上涨，投资者追涨情绪开始降低，同时盘中涌现出的获利盘不断增多，造成股价上涨乏力。当空方占据优势后，股价开始下跌，且顺利跌破了上升趋势线，预示着上涨趋势结束，股价将要进入下跌走势。故当股价向下跌破上升趋势线时，发出看跌信号。

出击卖点 股价向下有效跌破上升趋势线时，表明空方已经占据优势，上涨行情结束，投资者应该及时清仓离场。

⮕ 经典案例

如图4-4所示，2018年12月至2019年4月，云天化（600096）一直运行在上涨趋势中，投资者可以通过低点A和回调低点B作出一条上升趋势线，该股股价基本运行在该趋势线之上。2019年4月29日，该股出现一根大阴线，且有效跌破了上升趋势线，预示着上涨走势终结，股价将要进入下跌行情，卖点出现。

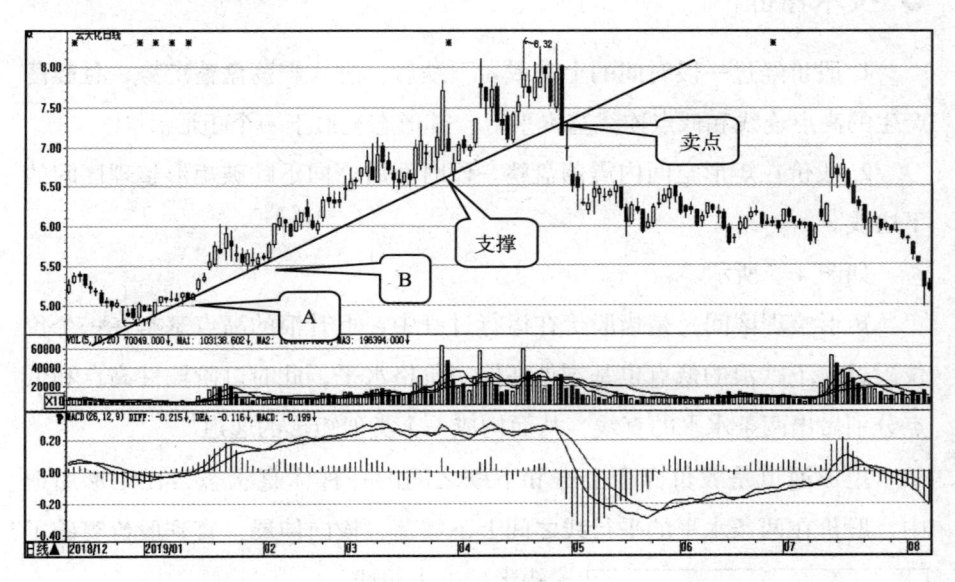

图4-4 云天化日K线

实战提高

1. 当股价向下跌破上升趋势线的同时，如果成交量能够跟随放大，并收出一根中（大）阴线，那么后市看跌意味更浓。

2. 在上升趋势中，如果上涨幅度不是很大，主力在运作个股走势时可能出现假跌破，即股价对上升趋势线的跌破为主力的打压吸筹，等主力手中筹码收集充足后，股价将要再次启动上攻，此时投资者可以再次跟进。

形态41：跌破矩形下边线

◉ **技术特征**

1. 股价经过一段时间的上涨或者下跌后，进入震荡盘整走势，且震荡产生的高点连线和低点连线基本平行，其形态类似于一个矩形。

2. 股价在矩形空间内震荡盘整一段时间后，向下跌破矩形整理区间的下边线。

如图4-5所示。

矩形整理区间，是指股价在运行过程中，上升浪的高点基本在一个价位附近，下跌浪的低点也基本处在同一价格水平，此时过阶段性高点和低点分别做出两条水平的直线，从而构成一个类似矩形的通道。

矩形通道是股价介于上涨和下跌之间的一种休整状态，在矩形通道中，股价在两条水平的平行线之间上下震荡、横向伸展，直到股价突破了矩形的上下边线。

当股价在矩形整理区间内运行一段时间后，向下跌破矩形的下边线，预示着整理结束，股价将要进入下跌走势，发出看跌信号。

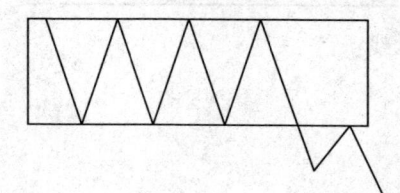

图4-5 跌破矩形下边线

出击卖点 当股价向下有效跌破矩形的下边线时，预示着股价的整理走势结束，将要进入下跌走势，投资者应该及时清仓离场。

第 4 章 K线图的其他卖出形态

⊃ **经典案例**

如图4-6所示，2018年2月开始，东方创业（600278）自高位下跌后进入矩形整理区间，经过几个月的震荡整理后，6月8日，该股向下跌破矩形整理区间的下边线，预示着整理形态结束，股价将要延续之前的下跌走势运行，卖点出现。此时投资者应该及时止损出局，避免出现更大的损失。

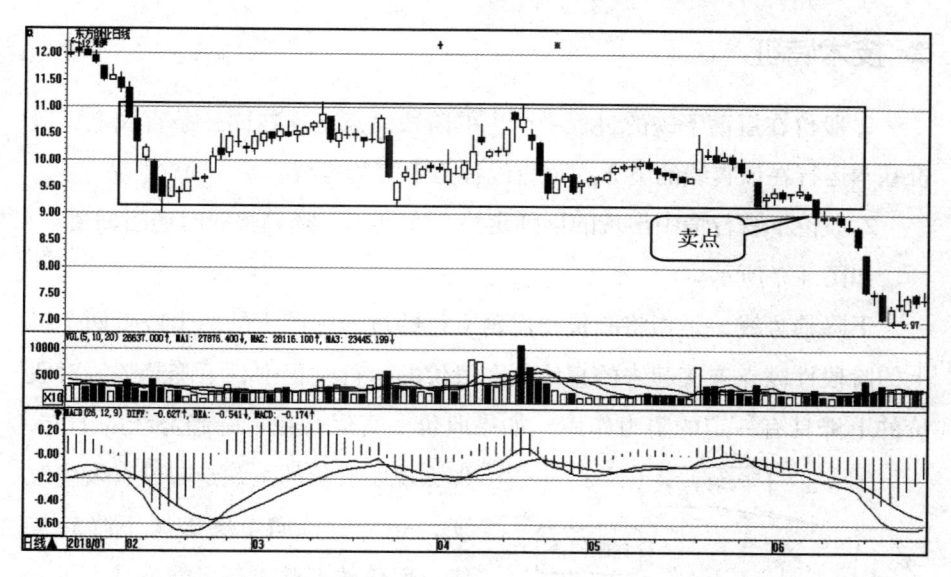

图4-6 东方创业日K线

实战提高

1. 根据"横有多长，竖有多高"的说法，投资者可以根据矩形整理区间的长度来大概测算当股价跌破下边线后出现的下跌幅度。

2. 矩形整理形态一般为中继形态，有时也会充当反转形态，投资者在寻找卖点的时候不要形成固定思维，要懂得随机应变。

形态42：在下降趋势线处遇阻

➲ 技术特征

1. 股价在震荡下跌的过程中产生的阶段高点基本在同一条直线上，股价基本运行在该直线的下方，该直线称为下降趋势线。

2. 股价下跌行情中出现的反弹走势，在到达下降趋势线时遇阻回落。

如图 4-7 所示。

下降趋势线，是指将股价在震荡下行的过程中产生的两个或者两个以上的阶段性高点连接起来的直线。在股价的运行过程中，下降趋势线对股价的上涨具有一定的阻力作用，如果股价一直运行在下降趋势线的下方，那么说明股价的下跌走势没有发生改变，一旦股价向上突破了下降趋势线，股价的下跌走势可能就结束了。

当股价在下跌过程中出现反弹走势时，股价上涨至下降趋势线附近遇阻回落，表明反弹结束，股价将延续之前的下跌走势运行，发出看跌信号。

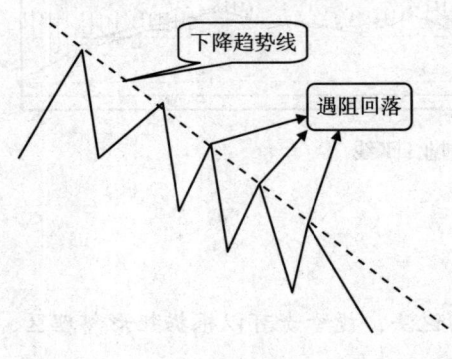

图4-7　在下降趋势线处遇阻

出击卖点　　股价在反弹至下降趋势线附近遇阻回落时，表明反弹结束，股价将要继续下跌，此时投资者应该及时止损离场。

⇨ 经典案例

如图 4-8 所示，2020 年 1 月初开始，浙江广厦（600052）股价由涨转跌，投资者可以通过阶段性高点 A、B 做出一条下降趋势线。3 月初，该股股价经过反弹上涨至下降趋势线附近遇阻回落，表明股价上涨动力不足，还有一定的下跌空间，卖点出现。

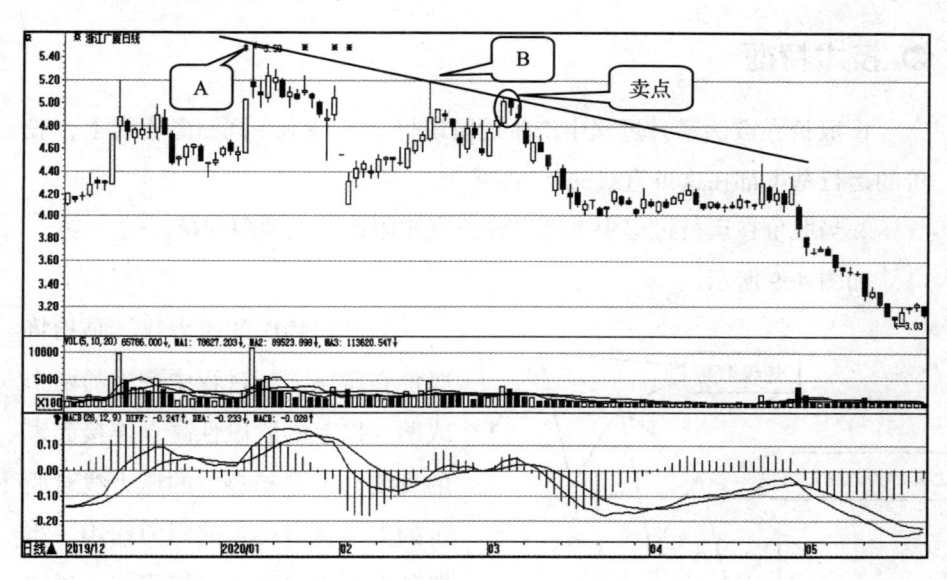

图4-8　浙江广厦日K线

实战提高

1. 当股价反弹至下降趋势线附近时，如果出现看跌的K线组合形态（看跌吞没、乌云盖顶等），那么看跌信号更加强烈。

2. 有时主力为了能够顺利出货，可能会在趋势线附近做出向上突破的假象，诱使投资者进场买入，随后再大量出货，投资者发现后应该果断清仓离场，以免越套越深。

形态 43：在上升趋势的压力线处遇阻

➲ 技术特征

1. 股价在震荡攀升过程中产生的阶段性高点基本在同一条直线上，股价的运行基本都在这条直线的下方。

2. 当股价在运行过程中上涨至该条直线附近时，遇阻回落。

如图 4-9 所示。

上升趋势中的压力线，是指将股价在震荡上行过程中产生的两个或两个以上的阶段性高点连接起来的直线。上升趋势中的压力线对股价的上涨具有一定的阻力作用，当股价在压力线附近遇阻回落，说明股价将要出现回调或者反转走势，发出短线看跌信号。

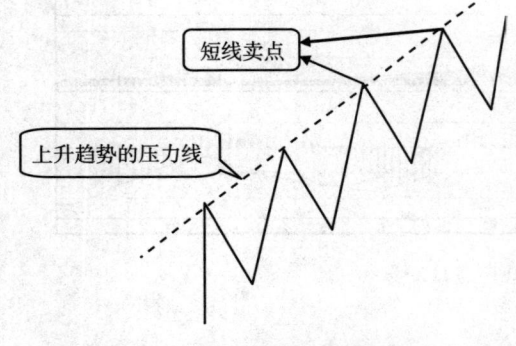

图4-9 上升趋势的压力线处遇阻

出击卖点 股价上涨过程中，在压力线附近遇阻回落，说明股价短期内将出现下跌走势，短线投资者应该及时离场，等待时机。

➲ 经典案例

如图 4-10 所示，2018 年 12 月底，同仁堂（600085）股价见底回升后，一路震荡上行，并在上涨过程中产生阶段性高点A和B，投资者可以通过这两点画出一条上涨压力线。2019年3月6日，该股股价加速上涨，但在压力线附近遇阻回落，表明短期内股价将要出现回调走势，卖点1出现；随后经过一段时间的回调整理过后，该股股价再次启动，4月10日，当股价上涨至压力线附近时，再次遇阻回落，卖点2出现。

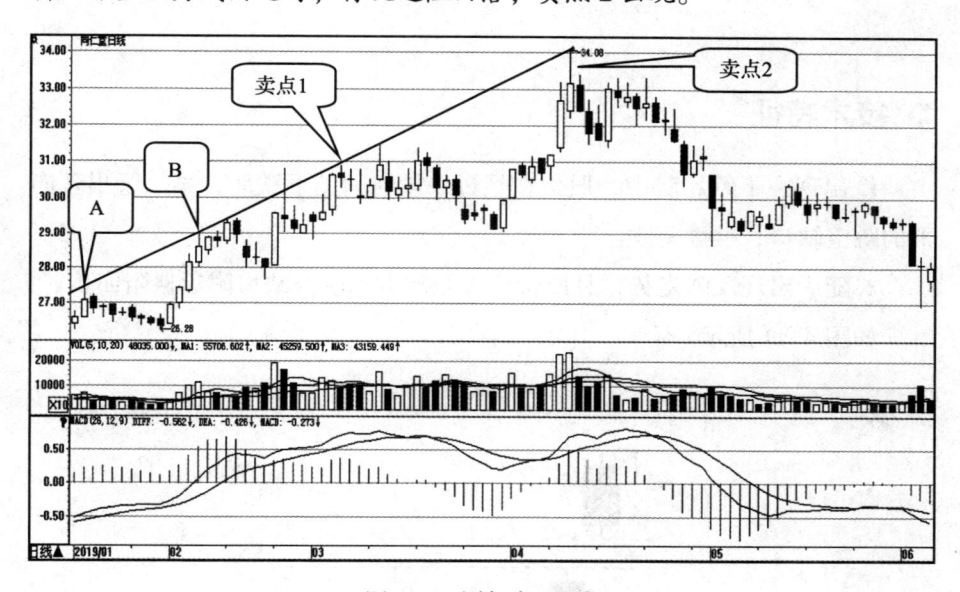

图4-10　同仁堂日K线

实战提高

1. 如果在股价上涨至压力线附近时，同时伴随着量价的顶背离，会使其看跌信号更加强烈。

2. 当上涨压力线角度平缓时，说明股价的上涨比较缓慢，一旦股价向上有效突破了压力线，说明股价将要进入加速上涨阶段，此时投资者可以持股不动，待出现顶部反转信号时再卖出不迟。

形态 44：在向下跳空缺口处遇阻

◌ **技术特征**

1. 出现在下跌趋势中，股价在经过一段时间的下跌后，某一天出现向下的跳空缺口，继续下跌。

2. 随后出现反弹走势，且股价反弹至前方的跳空缺口附近遇阻回落。

如图 4-11 所示。

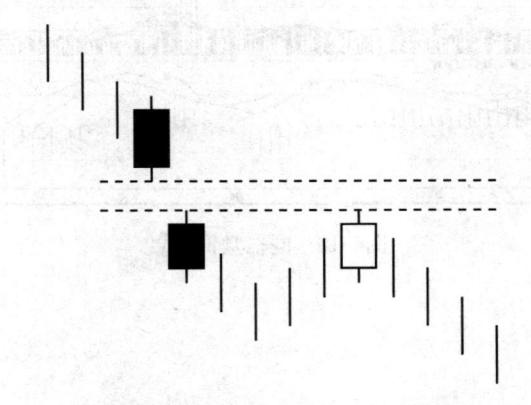

图4-11 向下跳空缺口处遇阻

在下跌过程中，首先出现一个向下的跳空缺口，股价继续下跌，随后出现反弹走势，当股价上涨至前方的缺口附近时遇阻回落，表明在缺口附近抛压很重，股价上涨乏力，发出卖出信号。

出击卖点 当股价上涨至缺口附近遇阻回落时，表明反弹走势已经结束，投资者应该及时止损出局。

第 4 章　K 线图的其他卖出形态

○ 经典案例

如图4-12所示,2020年5月,凯乐科技(600260)股价逐渐走弱,5月25日,该股出现向下的跳空缺口,随后股价经过数个交易日的盘整后开始上攻,但股价在前方缺口处遇阻回落,表明缺口处的套牢盘很多,股价上涨乏力,发出卖出信号,此时投资者应该果断止损出局,避免出现更大的损失。

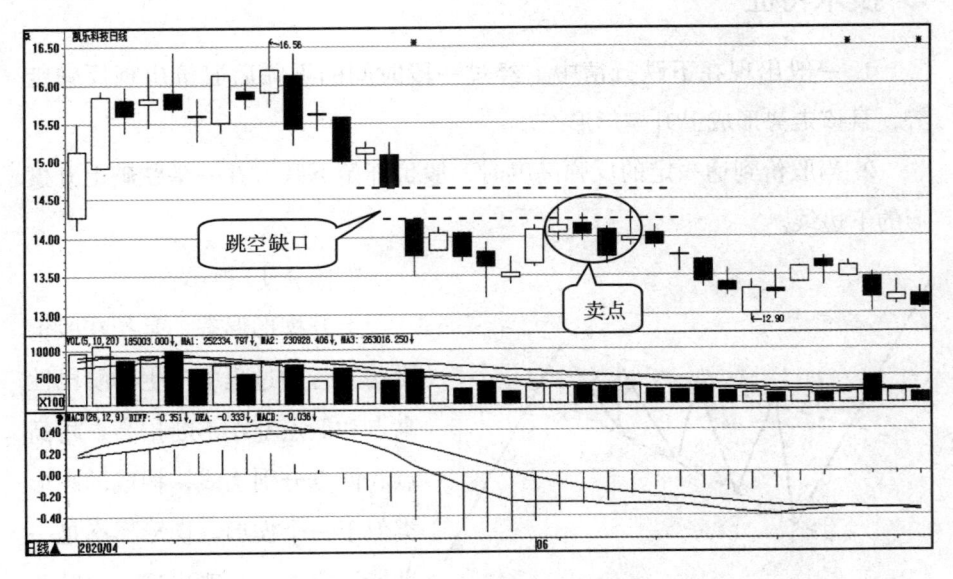

图4-12　凯乐科技日K线

实战提高

1. 出现向下跳空缺口时,成交量越大,说明空方力量越强,后面股价上攻时出现的阻力就越大。

2. 出现缺口的位置所处的价格水平越高,盘中的获利盘就越多,反弹一旦受阻,则下跌会变得更加猛烈。

形态 45：跌破上升楔形的下边线

◎ 技术特征

1. 一般出现在下跌行情中，经过一段时间的下跌后股价出现反弹走势，且该走势形成上升楔形形态。

2. 当股价到达一定的反弹高度时，股价开始下跌，并一举跌破上升楔形的下边线。

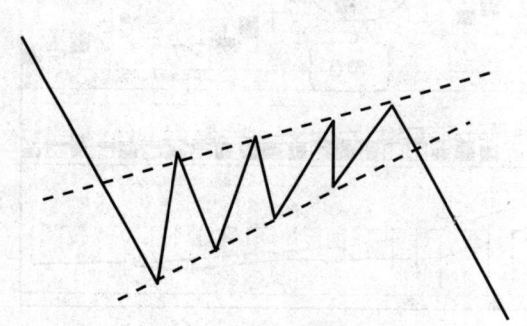

图4-13 跌破上升楔形的下边线

如图 4-13 所示。

上升楔形形态，是指在股价震荡上行的过程中产生的阶段性高点和低点都在不断抬高，将高点和低点分别连线，构成的图形类似于一个楔形。楔形形态是一种持续形态，一般出现在下跌和上涨过程中，一般为中继形态。

上升楔形就是在下跌过程中的下跌中继形态，当股价跌破楔形的下边线，意味着反弹走势的终结，股价将要延续之前的下跌走势运行，为看跌信号。

> 出击卖点　　当股价向下跌破上升楔形的下边线时，意味着反弹结束，投资者应该及时将手中筹码卖出。

◯ 经典案例

如图4-14所示，2018年6月下旬，标准股份（600302）股价经过一段时间的下跌后出现反弹走势，且反弹中出现的阶段高点和低点都在不断抬高，且振幅在不断收窄。用直线高点和低点分别连接后可以看出反弹走势呈现出一个上升楔形的形态。8月17日，该股股价向下跌破上升楔形的下边线，表明反弹走势的终结，股价将要继续下跌，卖点出现。

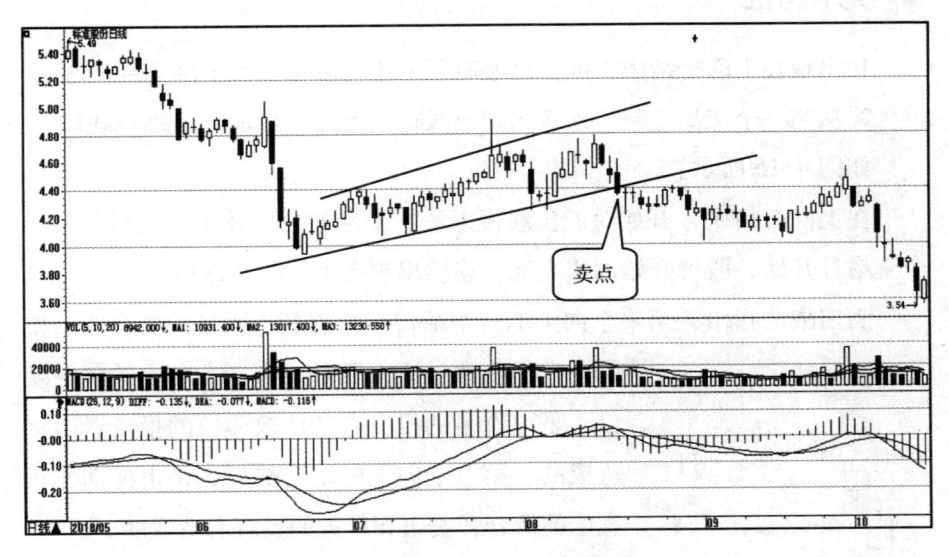

图4-14 标准股份日K线

实战提高

1. 在上升楔形的形成过程中，成交量往往会持续萎缩，市场趋势表现为缩量上涨行情。

2. 在实战中，使用RSI指标的顶部背离信号判断上升楔形比较有效。当股价在反弹过程中不断创新高的同时，RSI指标的高点却不断降低。此时基本可以确定多方弱势，投资者应该尽快卖出股票。

形态46：连续出现三个向上的跳空缺口

◯ **技术特征**

1. 出现在上涨行情中，股价已经有了不小的涨幅，且上涨角度较小。
2. 从某一个交易日起，连续出现三次跳空上涨，形成三个跳空缺口。如图4-15所示。

在上涨行情中，开始时股价缓慢上涨，上涨的角度较小，随后从某一个交易日开始，股价开始加速上涨，连续出现向上的跳空缺口。

酒田战法指出，第一个向上的跳空缺口意味着新进入场的资金实力雄厚，它们在大量买入股票；第二个向上的跳空缺口，是由看多的投资者和比较谨慎的投资者出货造成的；第三个向上的跳空缺口，是由前期比较犹豫的持仓者卖出和新进的投资者造成的。

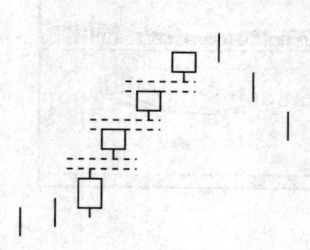

在不断的跳空过程中，推动股价上涨的动力在不断转换，且呈现逐渐减弱的迹象。所以酒田战法建议投资者在第三个向上的跳空缺口处卖掉股票。

图4-15　连续出现三个向上的跳空缺口

出击卖点1 股价在出现第三个向上的跳空缺口时，投资者应该适当降低仓位，保住已有利润。

出击卖点2 在随后的交易日中，一旦股价出现走弱的迹象，投资者应该果断清仓离场。

⇨ 经典案例

如图4-16所示，2010年9月中旬，股价运行在上涨趋势中的中航重机（600765）连续出现三个向上的跳空缺口，并出现三个一字板。根据酒田战法，投资者应该在第三个跳空缺口，也就是第三个一字板处适当减仓，保住利润，卖点1出现；随后一个交易日，该股以涨停价开盘后一路下跌，同时放出巨额成交量，显示获利盘大量涌出，此时投资者应该及时清仓离场，卖点2出现。

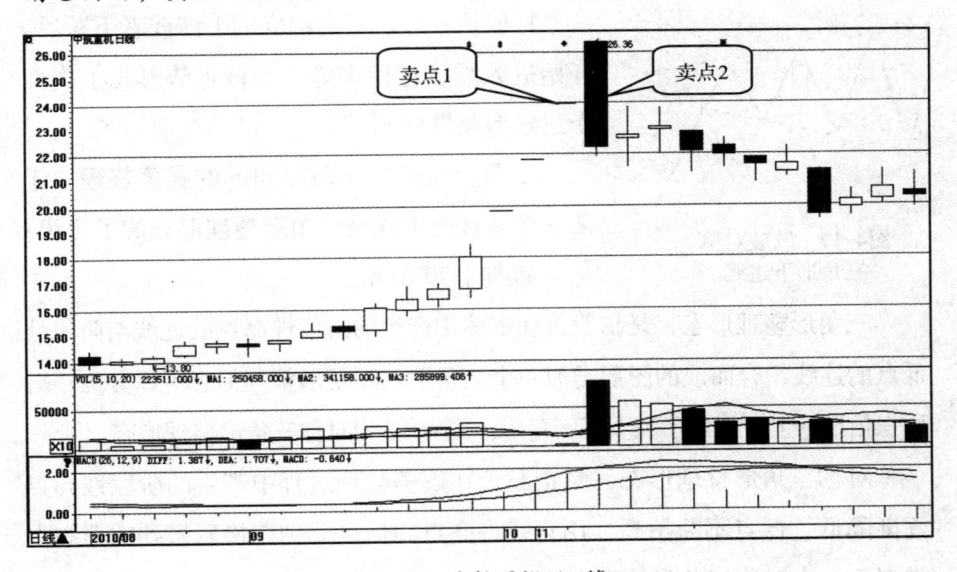

图4-16 中航重机日K线

实战提高

1. 连续出现三个跳空缺口后，如果随后的交易日放出巨额成交量，那么股价见顶回落的可能性更大。

2. 如果在连续出现三个向上的跳空缺口后，经过小幅回调，股价再次上攻，此时投资者可以再次进场买入，因为前方的回调可能是主力打压吸筹所致，真正的拉升才刚刚开始。

形态47：跌破三角形下边线

➡ **技术特征**

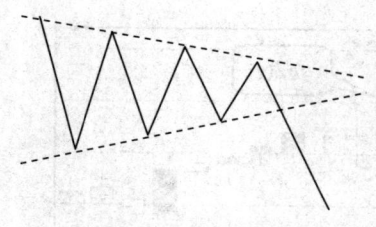

图4-17 跌破对称三角形下边线

1. 股价在经过一定幅度的上涨或者下跌后，开始进入震荡整理走势，且该走势形态上类似于三角形整理形态。

2. 股价在经过一段时间的的震荡整理，于某一交易日向下跌破三角形整理形态的下边线。如图4-17所示。

三角形整理形态，是指股价在震荡中产生的阶段性高点的连线与阶段性低点的连线组合而成的图形类似一个三角形。三角形整理形态可以分为：对称三角形、上升三角形和下降三角形。图4-17为对称三角形整理形态。

对称三角形整理形态，是指股价在震荡整理过程中产生的阶段性高点逐渐降低，低点不断抬高，用直线将高点和低点分别连接后得到的形态上类似于一个对称三角形的形态。

三角形整理形态是一种持续形态，一般也是一种中继形态，当整理走势结束时，一般都以股价对三角形上下边线的突破为标志。当股价向下跌破三角形下边线时，说明股价整理结束，选择方向向下，发出卖出信号；当股价向上突破三角形上边线时，表明股价选择方向向上，发出买进信号。

出击卖点 当股价向下跌破三角形的下边线时，意味着股价选择向下，投资者应该果断清仓离场。

⇨ 经典案例

如图4-18所示，2018年6月，股价已经有了一定跌幅的山鹰纸业（600567）进入震荡盘整阶段，将其在震荡中产生的阶段性高点和低点分别连接，形成一个三角形形态。10月11日，该股开盘后一路放量下跌，并一举跌破三角形的下边线，预示着整理走势结束，股价选择向下，卖点出现。

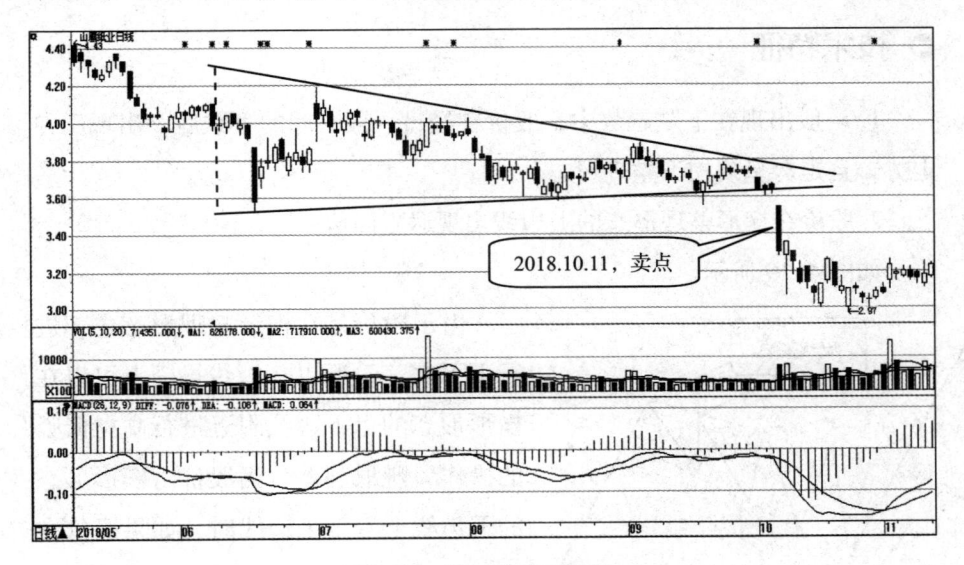

图4-18　山鹰纸业日K线

实战提高

1. 在下降三角形形成期间，成交量会持续萎缩。最终在股价向下突破时，成交量可能放大，也可能萎缩。即使股价缩量向下突破，未来的跌幅也可能会很大。

2. 如果股价没有跌破支撑位而是突破上方压力位，说明多方力量聚集，此时下降三角形可能会演变成W底或三重底，投资者可以寻找机会买入。

3. 股价跌破支撑位后可能有小幅回抽也可能没有，投资者不能死等回抽点作为卖出点。

形态48：在楔形上边线处遇阻

◎ 技术特征

1. 一般出现在下跌趋势中，股价在经过一段时间的下跌后，出现反弹走势，且走势呈现楔形整理形态。

2. 股价在楔形整理形态的上边线出现遇阻回落。

如图4-19所示。

由于股价是在楔形整理形态内部进行上下震荡，所以，短线投资者可以在楔形形态的上下边线附近进行高抛低吸的操作，赚取利差。当股价由楔形形态的下边线上涨至上边线时，如果股价在上边线处遇阻回落，说明股价短线将要出现回调走势，发出卖出信号。

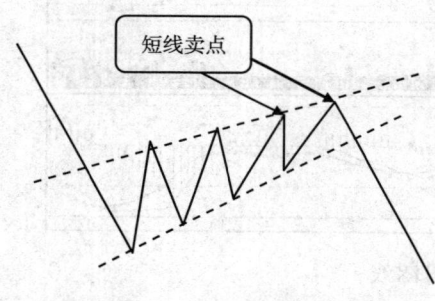

图4-19 楔形上边线处遇阻

出击卖点 当股价在楔形整理形态上边线附近遇阻回落时，短线投资者应该及时获利了结。

◎ 经典案例

如图4-20所示，2019年1月初，济川药业（600566）股价经过较大幅度的下跌后出现回调震荡，且回调走势中产生的阶段性高点和低点都在不断升高，用直线将高点和低点分别连接后形成一个楔形整理形态。4月

23日，该股股价运行至楔形的上边线附近遇阻回落，表明股价短期内将要出现下跌走势，卖点1出现。4月26日，股价向下跌破楔形形态下边线，卖点2出现。

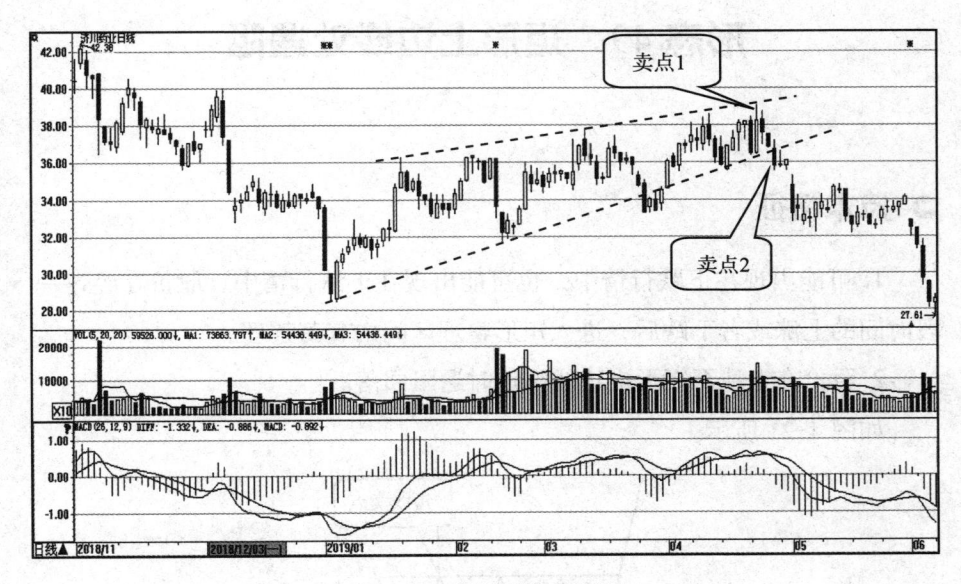

图4-20 济川药业日K线

实战提高

1. 如果在股价运行至楔形整理形态的上边线附近时，同时出现看跌的K线组合形态（流星线、乌云盖顶等），那么此时发出的卖出信号更加强烈。

2. 由于楔形形态中股价的振幅是逐渐收窄的，所以随着时间的推移，楔形形态上下边线之间的空间越来越小，投资者要注意适当避开在楔形整理形态的末端做短差。

形态49：矩形上边线处遇阻

➲ **技术特征**

1. 可能出现在下跌行情中，也可能出现在上涨行情中，股价在经过一段时间的上涨或者下跌后，进入矩形整理区间内震荡整理。

2. 股价在上涨至矩形上边线附近时遇阻回落。

如图4-21所示。

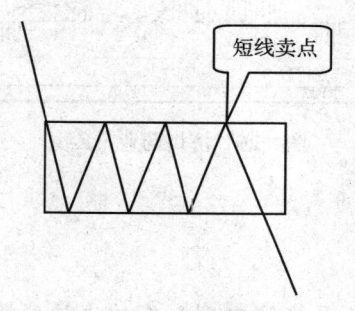

图4-21 矩形上边线处遇阻

股价在经过一段时间的上涨或者下跌后，进入震荡整理阶段，其震荡产生的阶段性高点和低点分别位于同一价格水平上，用直线将要这些高点和低点分别连接后得到一个矩形区间。当股价上涨至矩形区间的上边线附近遇阻回落时，表明股价短期内将要进入下跌走势，发出卖出信号。

出击卖点 股价上涨至矩形整理区间的上边线附近遇阻回落时，表明短期内股价将要进入下跌走势，短线投资者应该获利了结。

经典案例

如图4-22所示，2018年8月初，西部黄金（601069）股价经过一段时间的下跌后进入震荡整理走势，且震荡中产生的阶段性高点和低点分别处于同一水平价位上，用直线将这些高点和低点分别连接后，形成矩形整理形态。11月下旬，股价均在矩形整理形态的上边线处遇阻回落，表明股价短期内将要进入下跌走势，短线卖点出现，博取短差的投资者应该及时获利了结。

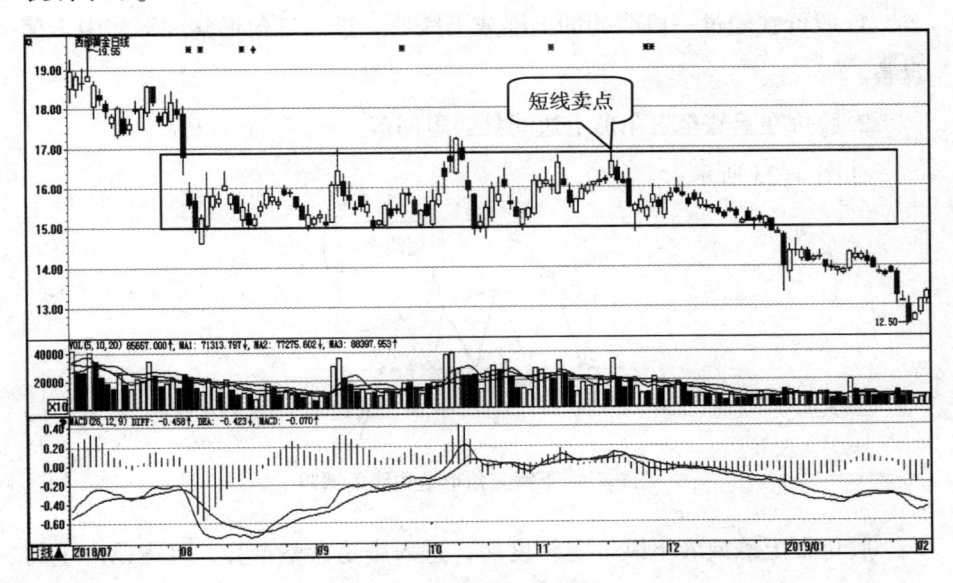

图4-22 西部黄金日K线

实战提高

1. 股价在矩形区间内上下震荡时，成交量也会随着价格的起落同步变化，所以投资者在判断卖点时也可以借助成交量的变化来推断。

2. 当股价向上突破矩形整理区间时，说明股价方向选择向上，持筹的投资者可以继续持有，直到出现新的卖出信号。

形态 50：在三角形上边线处遇阻

◯ 技术特征

1. 股价在经过一段时间的上涨或下跌后，进入三角形整理形态中震荡盘整。

2. 股价在上涨至三角形上边线处遇阻回落。

如图 4-23 所示。

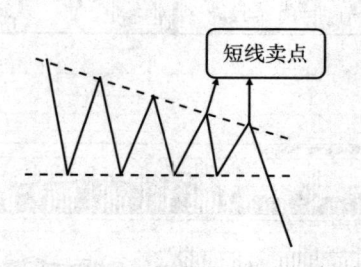

图4-23　下降三角形上边线处遇阻

股价在上涨或者下跌一定幅度后，进入震荡盘整走势，且震荡产生的阶段性高点不断下降，低点基本处在同一价格水平上，用直线将这些高点和低点分别连接，形成一个下降三角形。当股价在三角形下边线得到支撑，上涨至上边线附近遇阻回落时，表明股价短期内将进入下跌走势，发出卖出信号。

> **出击卖点**　股价在上涨至三角形上边线时遇阻回落，说明股价短期内将要进入下跌走势，短线投资者应该及时获利了结。

⊃ 经典案例

如图4-24所示，2019年3月中旬，思美传媒（002712）股价经过大幅上涨后，进入震荡盘整走势，且震荡产生的阶段高点逐渐降低，阶段低点逐步抬高，用直线将这些高点和低点分别连接后形成一个三角形。4月中旬，该股股价上涨至三角形上边线附近遇阻回落，表明股价短期内将要进入下跌走势，短线卖点出现，博取短差的投资者应该及时获利了结。4月22日，股价跌破三角形下边线，卖点2出现，还没有清仓的投资者要注意及时清仓。

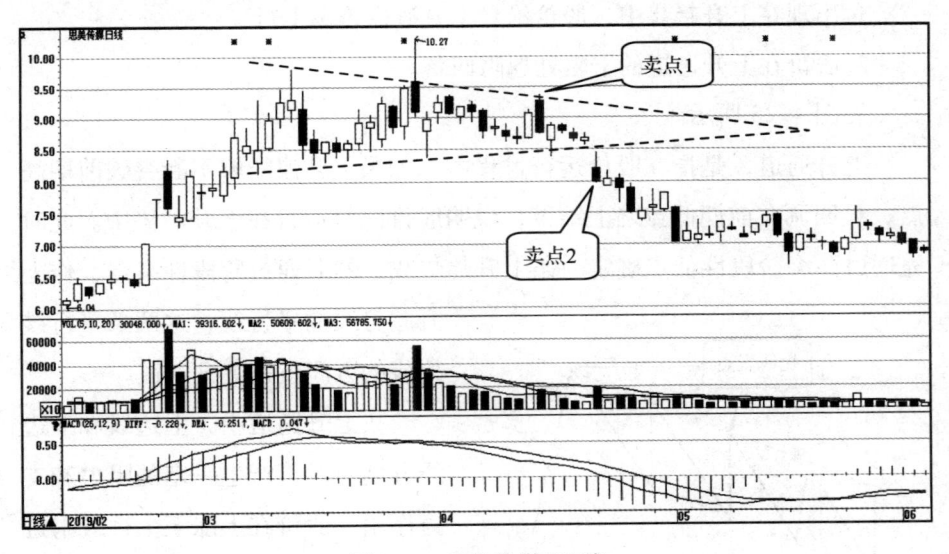

图4-24 思美传媒日K线

实战提高

1. 当股价向上突破三角形整理区间时，说明股价方向选择向上，持筹的投资者可以继续持有，直到出现新的卖出信号。

2. 股价在三角形内上下震荡期间，振幅逐渐收窄，成交量也会跟着逐渐缩小，当股价向下突破时不要求放量，但是当股价向上突破三角形上边线时，应该有成交量放大与之配合才能称之为有效突破。

形态 51：在上升通道上轨处遇阻

∞ **技术特征**

1. 出现在上升趋势中，股价沿着上升通道震荡上行。
2. 股价在上升通道的上轨处遇阻回落。

如图 4-25 所示。

上升通道，是指在股价运行过程中，如果上升浪能够不断突破前期高点，且回调在前期低点之上结束，说明股价此时运行在上升趋势中。此时先通过两个阶段性低点确定一条上升趋势线，然后通过阶段性高点，作上升趋势线的平行线，这两条平行线构成的区间就是上升通道。

在上升通道中，上边线和下边线分别对股价产生一定的阻力和支撑作用，股价在上涨至上边线附近时遇阻回落，说明股价短期内将要进入下跌走势，发出卖出信号。

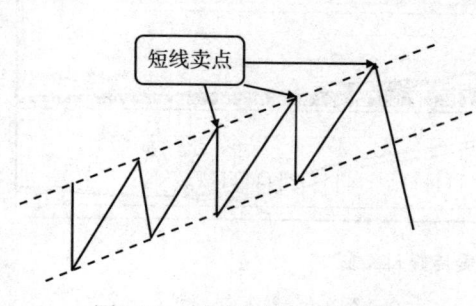

图4-25 上升通道上轨处遇阻

出击卖点 股价在上升通道上轨处遇阻回落时，博取短差的短线投资者应该及时获利了结。

∞ **经典案例**

如图 4-26 所示，2019 年 2 月开始，黑牡丹（600510）股价进入震荡上扬走势，且在此阶段产生的阶段性低点不断抬高，通过两个低点 A、B 画出一条上升趋势线，然后过高点 C 作出上升趋势线的平行线，会得到一个上升通道。3 月初，该股股价运行至上升通道的上轨线附近遇阻回落，预示着股价短期内将要进入下跌走势，发出卖出信号，短线卖点出现，此时作为博取短差的投资者应该及时获利了结。随后在 4 月中下旬，股价都在上涨至通道上轨附近时遇阻回落，发出卖出信号，短线卖点再次出现。

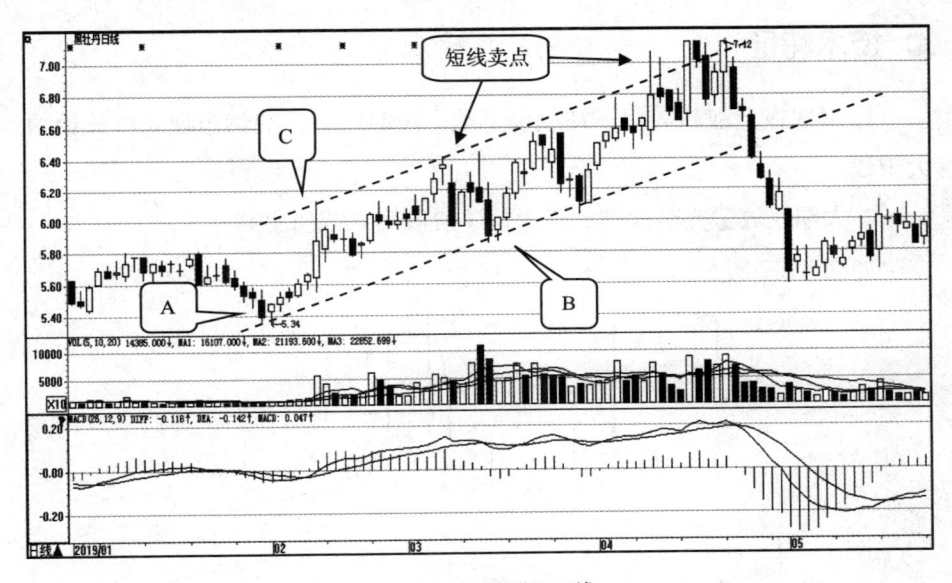

图4-26　黑牡丹日K线

实战提高

1. 在股价运行至通道上轨附近时，成交量往往也伴随着股价的上涨而不断增加，当某一天突然放出巨额成交量时，股价短期内见顶可能性更大，投资者要多加留意。

2. 另外股价在上轨附近见顶回落时，一般会出现一些看跌的 K 线形态，比如流星线、大阴线、十字线等。

形态 52：在高位出现放量的突破大阳线

◐ 技术特征

1. 出现在上涨趋势中，在股价上涨一段时间后，突然出现一根放量的大阳线。

2. 大阳线放量突破前期的阻力位（阶段高点或历史高点）。

如图 4-27 所示。

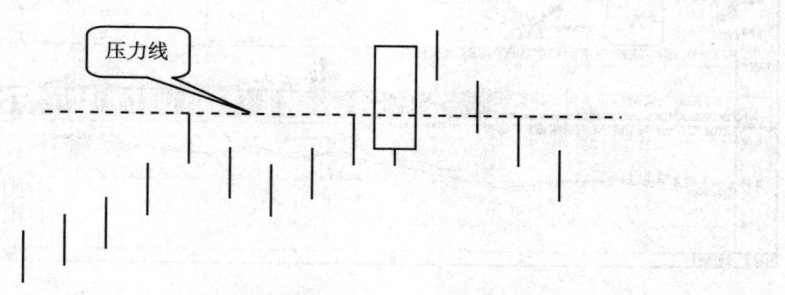

（压力线）

图4-27　高位出现放量的突破大阳线

在上涨行情中，股价在经过较大幅度的上涨后出现一根放量的突破大阳线，表面上看为盘中多方力量较强，股价上涨动力充沛。而从股价所处的高价位来说，很有可能是主力拉高出货，诱使投资者进场接盘所制造出的假象。所以，当在高位出现放量突破的大阳线时，一般为看跌信号。

出击卖点 出现放量大阳线后，如果随后的交易日中股价出现走弱迹象，投资者应该及时清仓离场，持币观望。

⊃ 经典案例

如图4-28所示,2020年1月7日,运行在上涨趋势中的韶钢松山(000717)经过一段时间缓缓震荡小幅上行后,突然出现一根放量大阳线,且突破前期高点,创出阶段新高。随后一个交易日,该股上下剧烈震荡,伴随成交量的放大,主力出货可能性极大,卖点出现,此时投资者应该果断清仓离场。

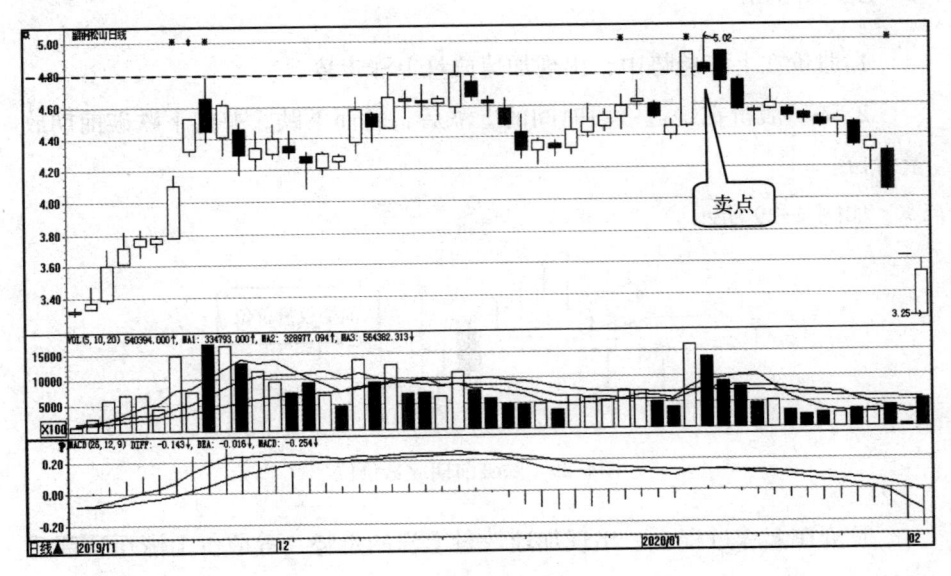

图4-28 韶钢松山日K线

实战提高

1. 出现放量的突破大阳线之前的股价涨幅越大,其出现下跌走势的可能性就越大。

2. 出现大阳线时放出的成交量越大,那么股价见顶的可能性就越大,发出的卖出信号也就越强烈。

形态 53：跌破前期放量价位

◯ **技术特征**

1. 股价在上涨趋势中，出现加速放量上涨走势。
2. 随后股价在经过一段时间的上涨后，转而下跌，并向下跌破前期放量价位。

如图 4-29 所示。

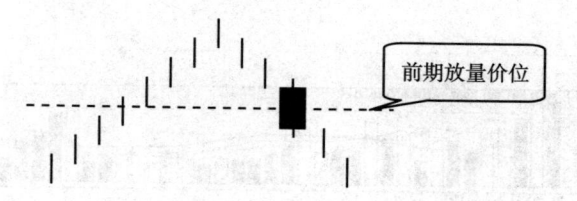

图4-29 跌破前期放量价位

股价在上涨过程中，出现加速放量上涨的走势，等股价上涨至顶部后开始下跌，在下跌过程中向下跌破了前期放量上涨时的价格水平，标志着股价已经突破成交密集区，此时会有很多套牢盘涌出，造成股价加速下跌，发出卖出信号。

出击卖点1 股价向下跌破前期放量价位时，投资者可以先适当降低仓位，减少可能出现的恐慌性下跌带来的损失。

出击卖点2 在随后的交易日中，如果股价继续保持弱势，那么投资者应该及时清仓止损出局。

➪ 经典案例

如图4-30所示，2019年3月至4月，八一钢铁（600581）股价经过短暂回调后开始加速上涨，随后屡次创出阶段性新高后见顶回落。4月25日，该股低开后股价一路下滑，并跌破前期放量价位，它预示着股价可能走弱，卖点出现。

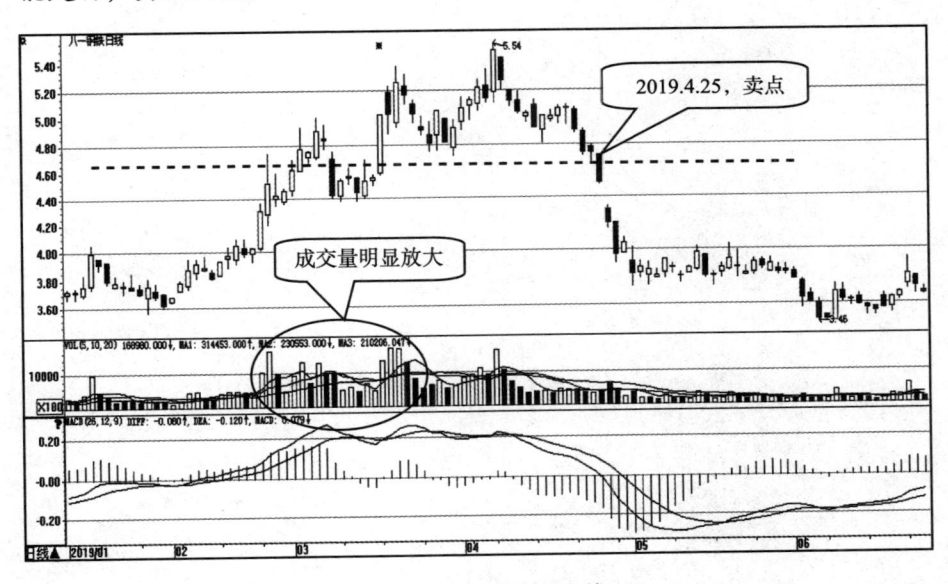

图4-30　八一钢铁日K线

实战提高

1. 前期放出的成交量越大，持续时间越长，后期股价跌破该价位时所发出的卖出信号越强烈。

2. 若跌破前期放量价位的是一根放量大阴线，说明抛压盘大量涌出，看跌信号更加强烈。

第5章
技术指标的卖出形态

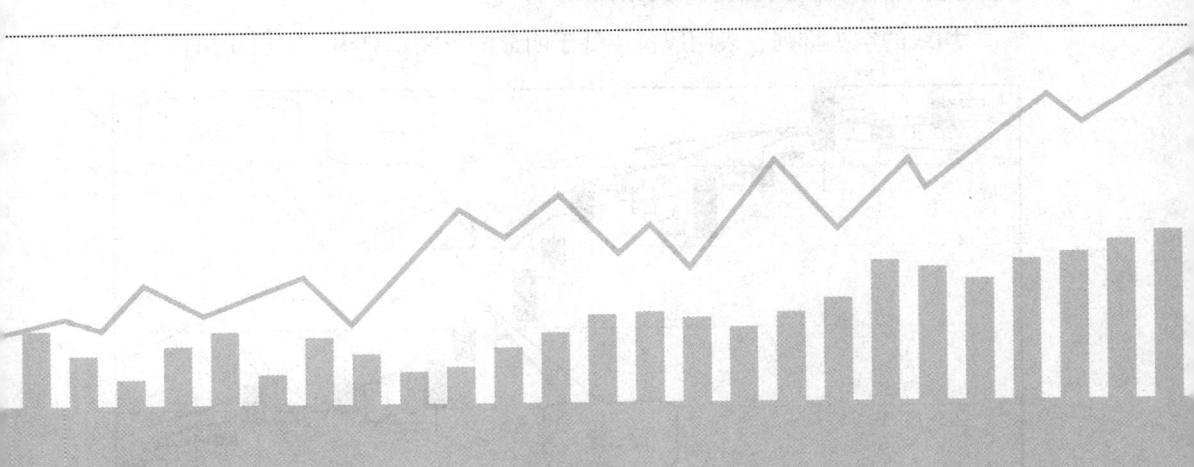

形态54：均线形成空头排列

➲ **技术特征**

1. 各条均线的整体方向向下。

2. 周期越短的均线，其位置越靠下。周期越长的均线，其位置越靠上。

均线的这种排列方式，称为空头排列。以5日、10日和20日这三条均线为例，空头排列如图5-1所示。

均线的空头排列，表明股价正处于明显的下跌趋势中，发出卖出信号。

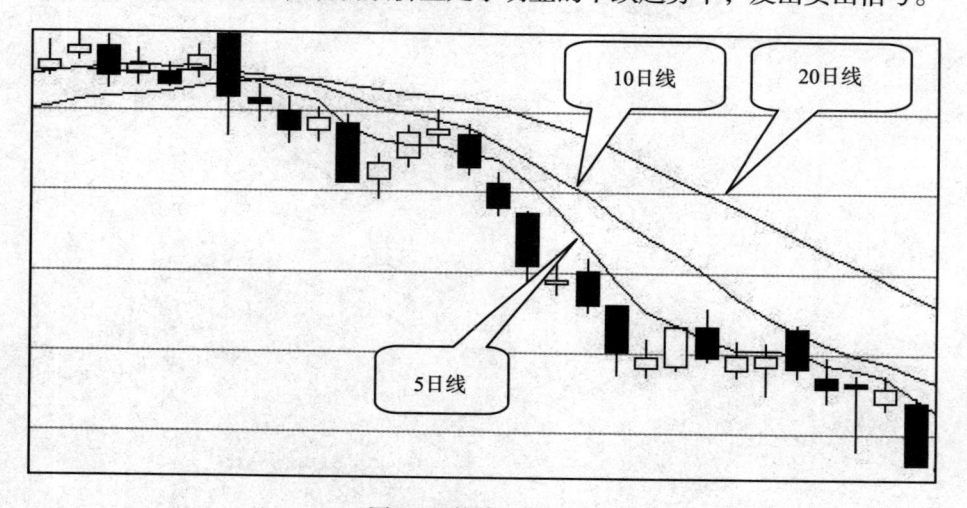

图5-1 均线空头排列

出击卖点 当5日、10日、20日均线构成空头排列时，出现卖点。

➲ 经典案例

如图 5-2 所示，从 2020 年 2 月开始，欧派家居（603833）的股价逐渐走弱。3 月 12 日，随着该股的 10 日线跌穿 20 日线，5 日线、10 日线、20 日线开始呈现空头排列，预示着股价进入弱势行情，卖点出现。

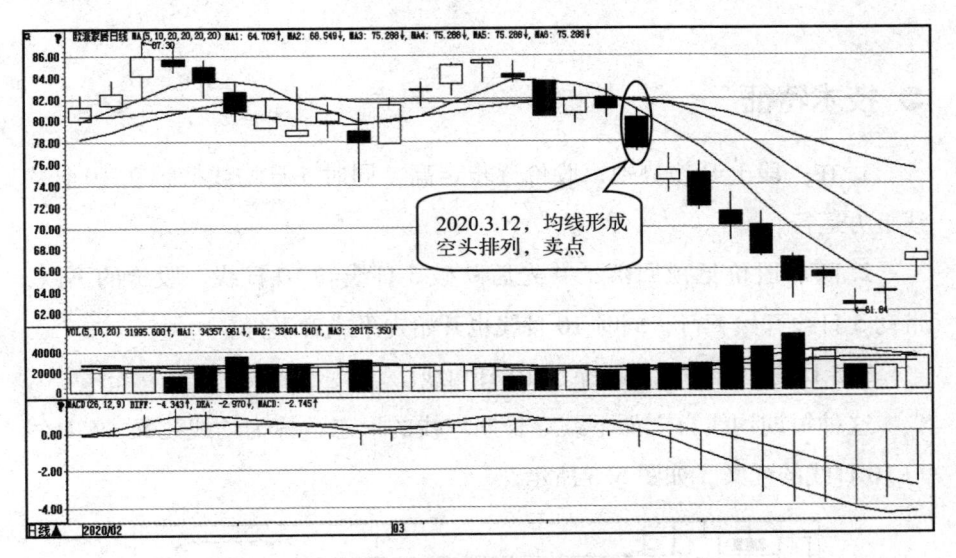

图5-2　欧派家居日K线

实战提高

1. 当均线呈现空头排列时，股价往往已经从高点有了一定的跌幅，因此本卖点属于跟随趋势的右侧交易。

2. 对于中短线投资者而言，可以根据 5 日、10 日、20 日均线的排列方式确定卖点。而对于中长线投资者而言，可以根据 10 日、20 日、60 日均线来进行研判。

3. 均线的空头排列，相当于对跌势进行了进一步的确认，因此本卖点更适合卖出操作。例如，投资者根据其他分析方法，已经在相对高位进行了部分卖出，那么此时可以根据本卖点做进一步卖出的操作。

形态 55：5 日均线与 10 日均线死叉

◐ 技术特征

1. 在一段上升趋势中，股价逐步走高，同时 5 日均线持续在 10 日均线上方运行。

2. 随后股价见顶回落，并先后跌破 5 日线和 10 日线。股价的下跌，带动 5 日线开始下行，同时 10 日线也开始走平或者下行。

3. 5 日均线自上而下跌穿了 10 日均线。

这种短期均线自上而下跌穿长期均线的形态，称为均线死叉。5 日线与 10 日线的死叉，如图 5-3 所示。

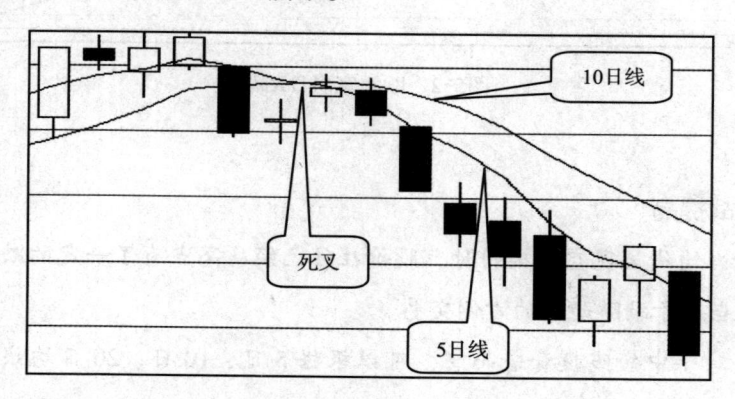

图5-3 均线死叉

5 日线与 10 日线的死叉，意味着短期上涨行情的结束，发出卖出信号。

出击卖点 当 5 日线与 10 日线发生死叉时，构成卖点。

第5章 技术指标的卖出形态

➲ **经典案例**

如图5-4所示，2020年4月22日，中远海能（600026）高开后出现一根天量大阴线，股价开始下跌。4月30日，该股的5日均线跌穿10日均线，均线出现死叉，卖点出现。

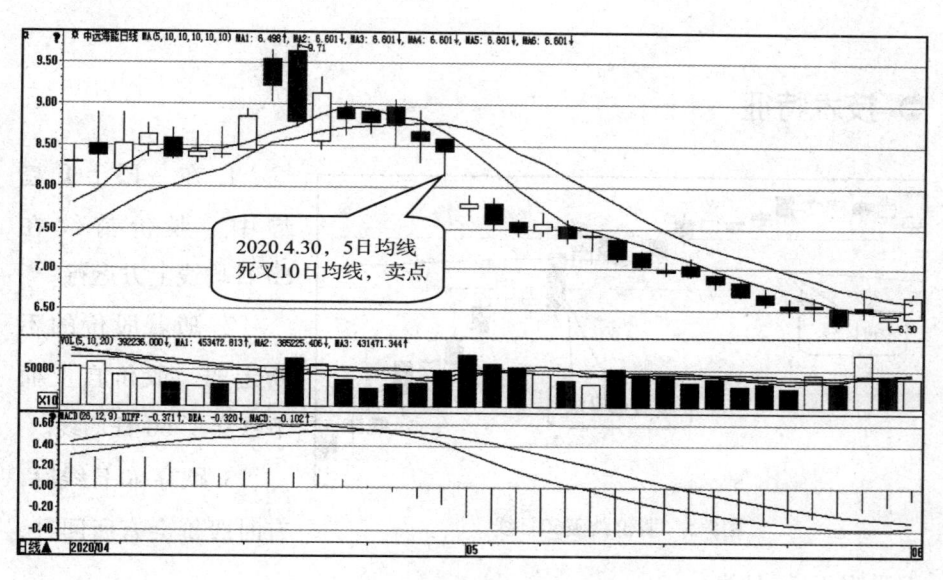

图5-4 中远海能日K线

实战提高

1. 与均线的空头排列一样，均线出现死叉时，股价往往已经有了一定的跌幅，因此本卖点也属于右侧交易。

2. 均线的死叉，相当于对跌势进行了进一步的确认，因此本卖点适合于跟进卖出操作。

3. 5日均线与10日均线的死叉，发出的是中短期看跌信号，对于长期投资者而言，并不适用本卖点。

形态 56：股价跌破 60 日均线

⊃ 技术特征

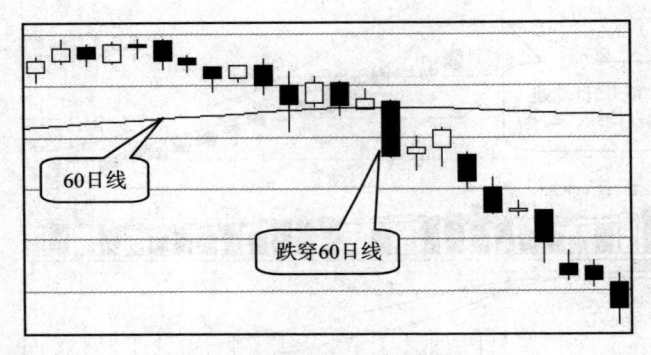

图5-5 股价跌破60日线

（图中标注：60日线、跌穿60日线）

1. 在一段上升趋势中，股价持续在 60 日均线上方运行。

2. 随着股价的不断走弱，股价自上而下跌穿了 60 日均线。

3. 跌穿 60 日线后，有时股价会有所回升，但受阻于 60 日线。

股价跌穿 60 日均线的走势形态，如图 5-5 所示。

当股价跌穿 60 日均线时，意味着股价的中期上升走势已经结束，发出卖出信号。

出击卖点1 当股价跌穿 60 日均线时，构成卖点 1。

出击卖点2 股价跌穿 60 日线后，如果出现回升并在 60 日线处重新遇阻回落，说明此次跌穿的有效性得到了确认，构成卖点 2。

第 5 章 技术指标的卖出形态

○ **经典案例**

如图 5-6 所示，2019 年 4 月 30 日，宋都股份（600077）股价跌破 60 日均线，构成卖出时机。之后，该股继续缓缓下跌，表现出较强的下跌动能，7 月 8 日，股价加速下跌。

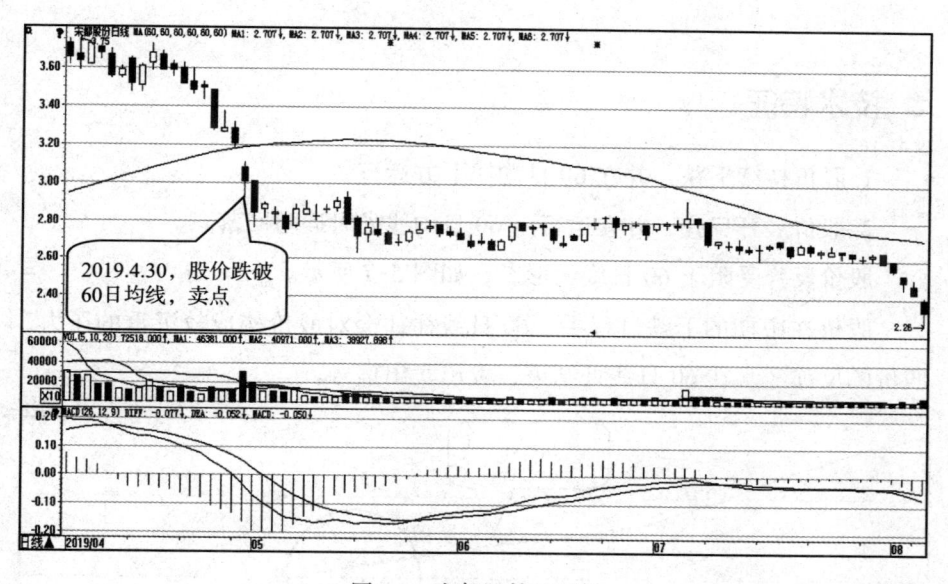

图5-6 宋都股份日K线

实战提高

1. 此前股价获得 60 日线的支撑越明显，那么跌破 60 日线的卖点可靠性就越高。

2. 当股价横盘震荡时，如果和 60 日均线反复纠缠，那么本卖点处于失效状态。

3. 由于 60 日均线属于中长期均线，因此本卖点属于中长线卖点，不适用于短线卖出时机的把握。

形态 57：在 60 日均线处遇阻回落

◯ 技术特征

1. 股价持续下跌，并在 60 日均线下方运行。
2. 股价展开反弹，并在运行至 60 日均线处时遇阻回落。

股价反弹受阻于 60 日线的形态，如图 5-7 所示。

股价在中期的下跌过程中，60 日线往往会对股价构成较沉重的压力，股价的反弹经常在 60 日线处结束，发出卖出信号。

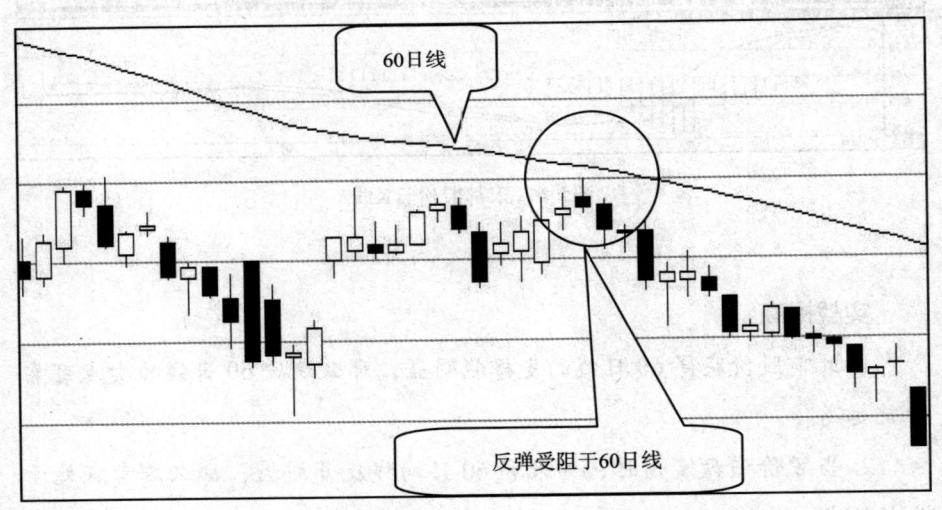

图5-7 股价受阻于60日线

出击卖点 股价反弹至 60 日线处，并遇阻回落时，构成卖点。

第 5 章 技术指标的卖出形态

⊃ 经典案例

如图5-8所示，2019年5月，重庆路桥（600106）股价跌破60日均线后持续下跌。6月中旬，该股股价开始反弹。7月初，股价在反弹至60日线附近后遇阻回落，预示着反弹很可能已经结束，卖点出现。

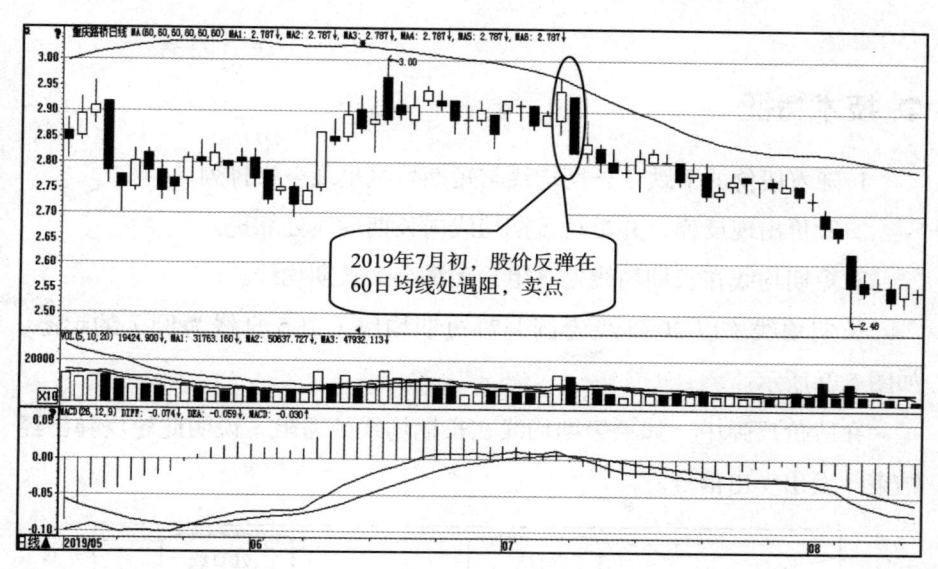

图5-8 重庆路桥日K线

实战提高

1. 股价跌破60日均线后，在最早的一两次回升中，60日均线的阻力作用往往最为明显。

2. 在反弹中，有时股价会短暂地突破60日线，但是随后很快又跌回60日线下方，这种走势仍然视为60日线阻力有效，同样构成卖出时机。

3. 在股价反弹至60日线附近时，投资者应密切关注股价走势，一旦出现滞涨情形，则应立即把握卖出时机。

形态 58：长期均线对短期均线构成阻力

◎ 技术特征

1. 随着股价的下跌，长期均线与短期均线呈现空头排列。
2. 股价出现反弹，并带动短期均线向长期均线处靠拢。
3. 短期均线在长期均线处遇阻，无法金叉长期均线。

长期均线（以20日线为例）对短期均线（以5日线为例）的形态，如图5-9所示。

在股价反弹中，如果短期均线在长期均线处遇阻，说明此轮反弹已经结束，发出卖出信号。

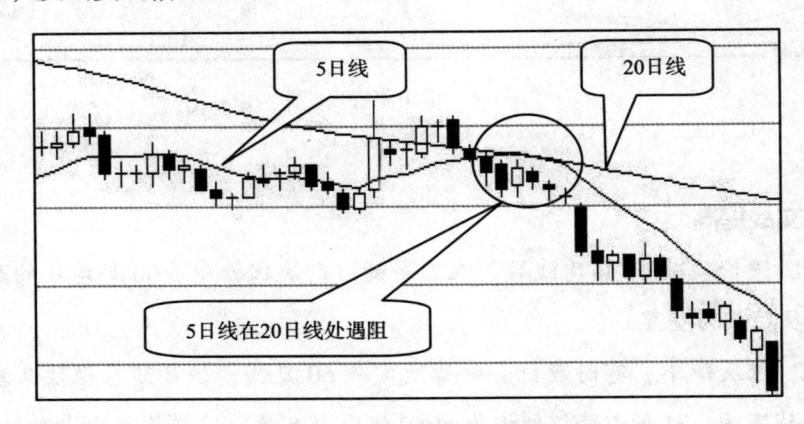

图5-9　20日线对5日线构成阻力

出击卖点　短期均线与长期均线粘合后，重新开始向下发散时，构成卖点。

第 5 章 技术指标的卖出形态

◯ **经典案例**

如图 5-10 所示，经过一段下跌趋势后，2019 年 10 月下旬，中国神华（601088）股价有所企稳，5 日线向 20 日线处靠拢，但受到 20 日线的沉重压力。2019 年 11 月 6 日，该股股价继续下跌，同时 5 日线与 20 日线重新开始向下发散，构成卖点。

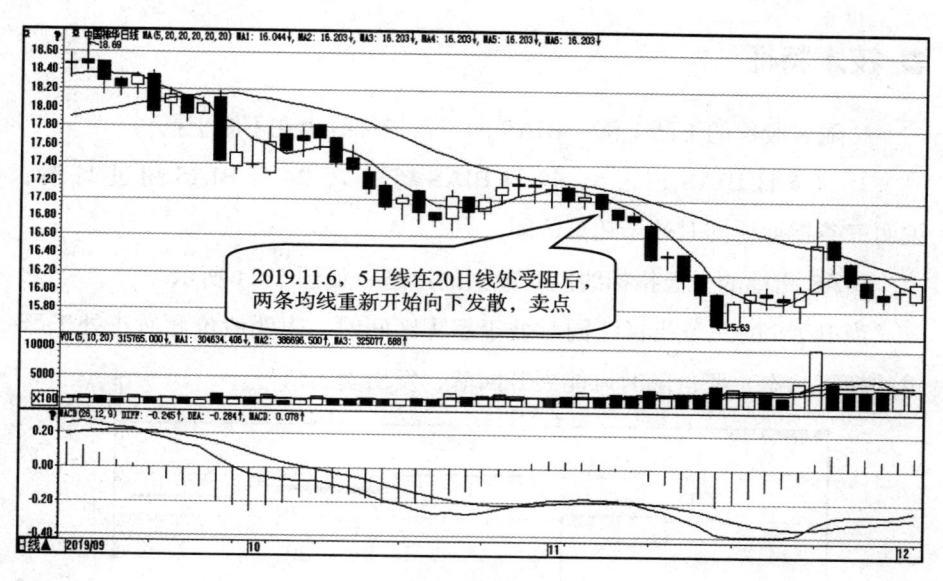

图5-10　中国神华日K线

实战提高

1. 由于均线的滞后性，本卖点出现之时，股价往往已经自反弹高点有了一定的跌幅。因此本卖点适用于跟进卖点，即投资者先期已经进行减仓，当本卖点出现后进行继续减仓。

2. 有时短期均线会暂时穿越长期均线，但是很快又回到长期均线下方，此时本卖点依然有效。

形态 59：BIAS 三条曲线同时超买

➲ **技术特征**

1. 随着股价的不断上涨，BIAS 的三条指标线也在不断上扬。

2. 当 6 日 BIAS 超过 5，12 日 BIAS 超过 7，24 日 BIAS 超过 11 时，说明三条指标线同时处于超买区间。

BIAS 指标的三天指标线同时超买的形态，如图 5-11 所示。

当 BIAS 的三条指标线同时处于超买区间时，表明股价此时正处于严重的超买状态，股价随时可能展开回落，发出卖出信号。

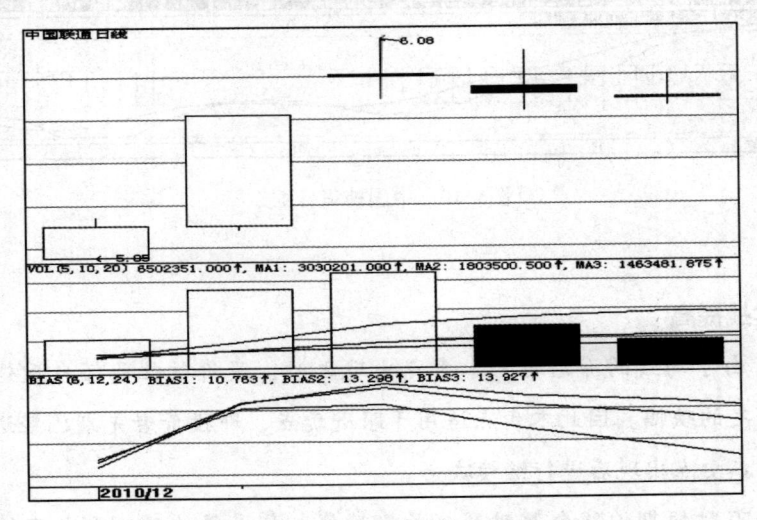

图5-11　BIAS三条指标线同时超买

▷ **出击卖点**　当三条指标线在超买区间开始回落时，构成卖点。

第 5 章 技术指标的卖出形态

◯ **经典案例**

如图 5-12 所示，2020 年 7 月初，浦发银行（600000）股价持续上涨，同时 BIAS 指标的三条指标线也同步上升。7 月 6 日，随着 6 日 BIAS 指标开始超买，该股 BIAS 指标的三条指标线同时处于超买区间，发出卖出信号。之后，该股在高位放量震荡，7 月 8 日，K 线形成孕线形态，此时投资者要注意把握这个卖出信号。

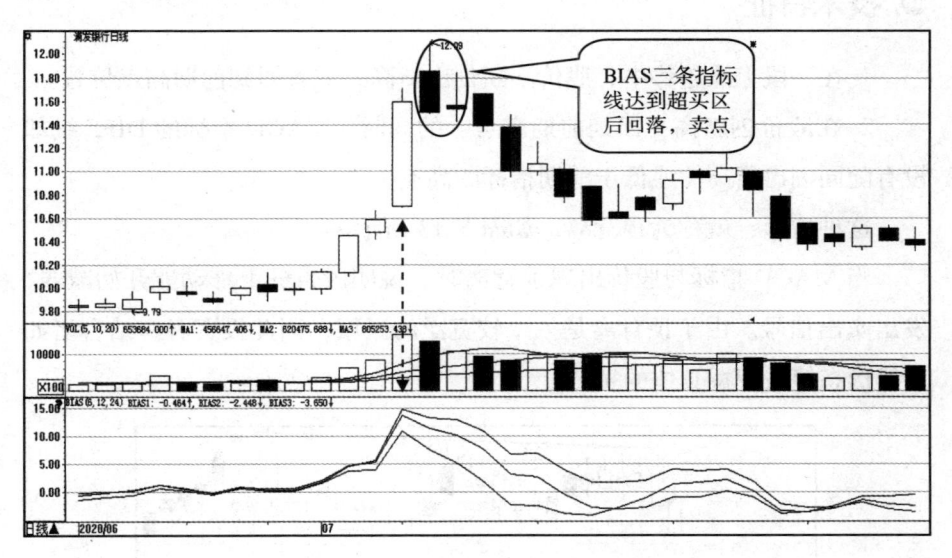

图5-12　浦发银行日K线

实战提高

1. BIAS 指标线的波动较为频繁，因此有时会出现无效信号。投资者在使用该指标时，最好能够结合成交量、K 线形态等进行综合研判。

2. 为尽量回避 BIAS 指标过于灵敏的缺陷，投资者可以进行分批卖出。当指标线在超买区间回落时进行第一次卖出；待指标线回落至超买区间下方时，再进行第二次卖出。

3. 本卖点比较适用于把握连续上涨的短线卖出时机。

形态 60：MACD 指标与股价顶背离

➲ 技术特征

1. 在一段上涨趋势中，股价不断创出新高，或者回到前期高点位置。

2. 在股价创新高（回到前期高点）的同时，MACD 指标的 DIFF 线却没有随同创出新高（或低于前期指标的高点）。

这种情形，就称为顶背离，如图 5-13 所示。

当 MACD 指标与股价出现顶背离时，说明股价的上涨动能开始减弱，发出卖出信号。由于顶背离是一个较宽泛的区域，因此投资者应结合诸如 K 线形态等来把握具体的卖点。

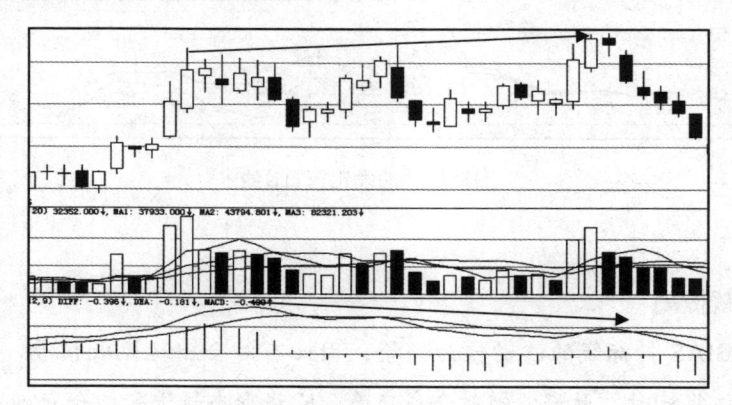

图5-13　MACD指标顶背离

出击卖点　　当 MACD 指标与股价顶背离时，如果同时 K 线上也出现了某个见顶形态，构成卖点。

第 5 章 技术指标的卖出形态

➲ 经典案例

如图 5-14 所示，2019 年 3 月至 4 月，瑞茂通（600180）持续上涨，创出本轮上涨行情的新高。但与此同时，MACD 指标却没有创出新高，出现顶背离。4 月 22 日，该股出现一根大阴线，与上个交易日的阳线一同构成了看跌吞没形态，卖点出现。

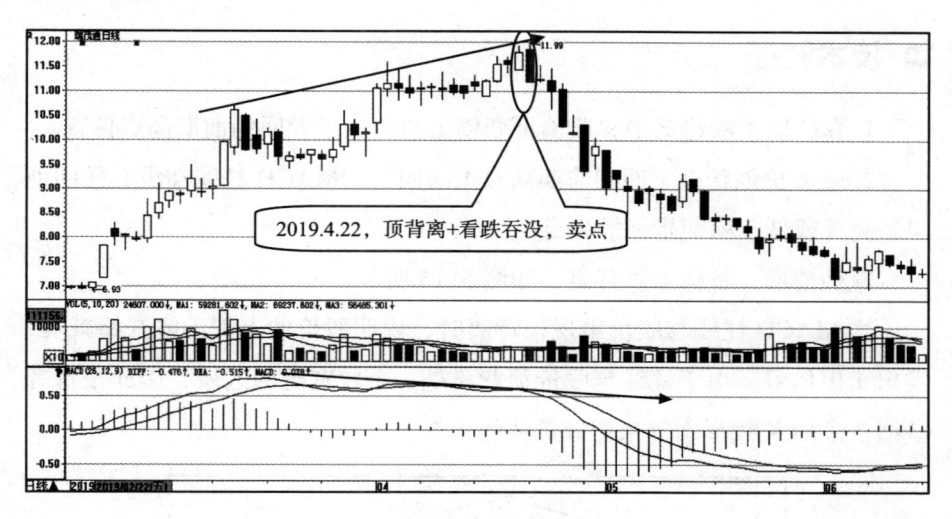

图5-14　瑞茂通日K线

实战提高

1. 一般来说，MACD 的背离，除了 DIFF 线与股价背离外，有时也会出现柱状线与股价的背离。两者均属于该指标的背离形态，市场含义和交易技巧完全相同。

2. 有时在 MACD 指标出现第一次顶背离后，股价即开始见顶下跌。有时则需要出现多次顶背离后，股价才会真正下跌。

3. 为解决以上多次顶背离的问题，投资者可以采取分批卖出的策略，每次顶背离出现后均进行部分卖出操作。如果某次顶背离后，有其他迹象表明股价真正开始了下跌，那么投资者可以进行清仓卖出操作。

形态61：MACD柱线与股价顶背离

◌ **技术特征**

1. 在一段上涨趋势中，股价不断创出新高，或者回到前期高点位置。

2. 在股价创新高（回到前期高点）的同时，MACD柱线却没有随同创出新高（或低于前期指标的高点）。

这种情形，就称为顶背离，如图5-15所示。

当MACD柱线与股价出现顶背离时，说明股价的上涨动能开始减弱，发出卖出信号。由于柱线与股价顶背离是一个较宽泛的区域，因此投资者应结合诸如K线形态等来把握具体的卖点。

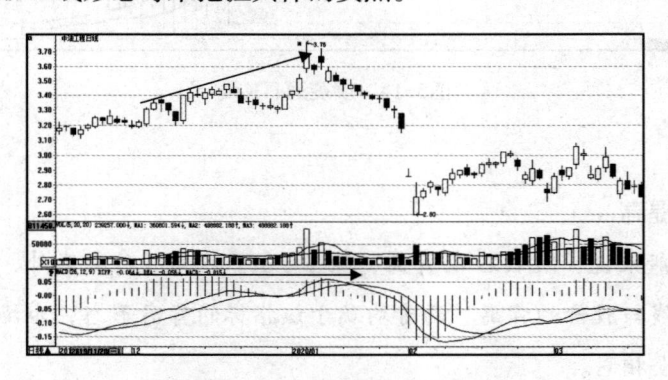

图5-15　MACD柱线与股价顶背离

出击卖点　　当MACD柱线与股价顶背离时，如果同时K线上也出现了某个见顶形态，构成卖点。

➲ 经典案例

如图 5-16 所示，2019 年 3 月底，花王股份（603007）放量上涨，创出本轮上涨行情的新高。但与此同时，MACD 柱线却没有创出新高，出现顶背离。4 月 4 日，该股出现一根阴线，与上个交易日的阳线一同构成了看跌吞没形态，卖点出现。

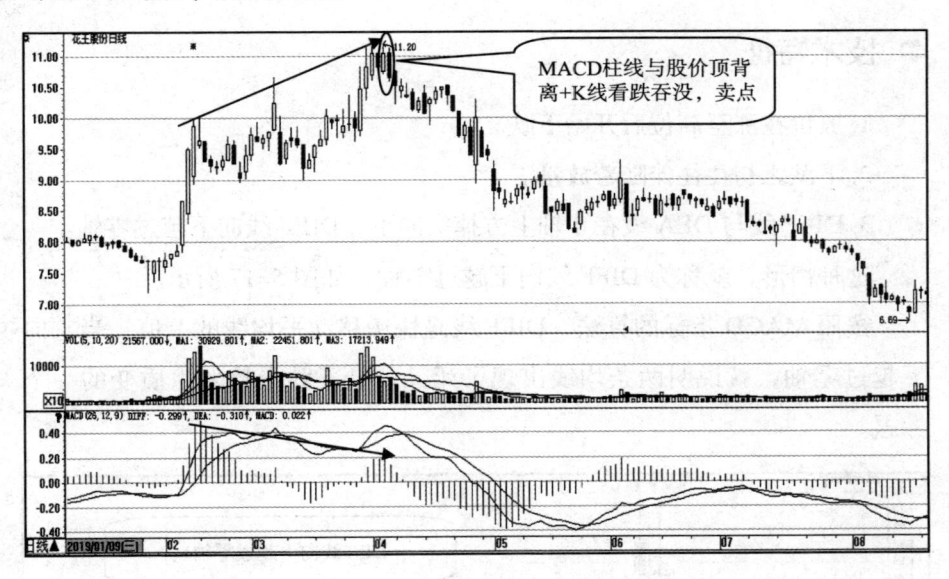

图5-16　花王股份日K线

实战提高

1. MACD 柱线与股价的顶背离出现次数通常较 DIFF 线与股价顶背离多。

2. MACD 柱线与股价出现顶背离后，股价通常会出现下跌，但这并不意味着下跌趋势一定会出现。

3. 投资者可以采取分批卖出的策略，每次 MACD 柱线与股价顶背离出现后均进行部分卖出操作。如果某次顶背离后，有其他迹象表明股价真正开始了下跌趋势，那么投资者可以进行清仓卖出操作。

形态 62：DIFF 线向下越过零轴

⊃ 技术特征

1. 股价在涨至高位后开始下跌。
2. 下跌之初往往伴随着放量。
3. DIFF 线与 DEA 线在零轴上方掉头向下，DIFF 线向下越过零轴。

这种情形，就称为 DIFF 线向下越过零轴，如图 5-17 所示。

按照 MACD 指标的算法，DIFF 线是快慢移动平均线的差值，当它向下越过零轴，就说明两条均线出现了死叉，是下跌走势发生质变的一个标志。

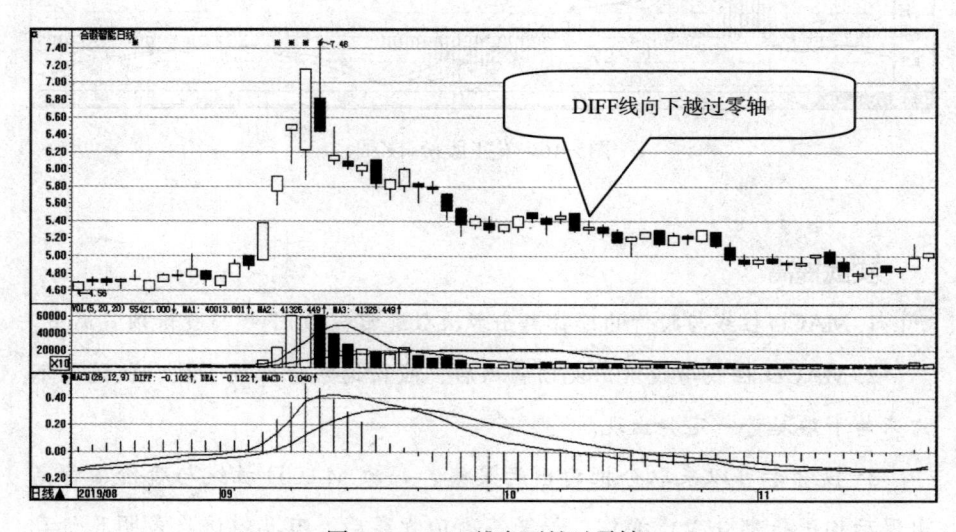

图5-17　DIFF线向下越过零轴

出击卖点 ➤ DIFF 线向下越过零轴时，构成卖点。

➲ 经典案例

如图 5-18 所示，2018 年 5 月下旬开始，万盛股份（603010）在高位开始持续下跌。6 月 1 日，MACD 指标 DIFF 线向下跌破零轴，卖点出现。

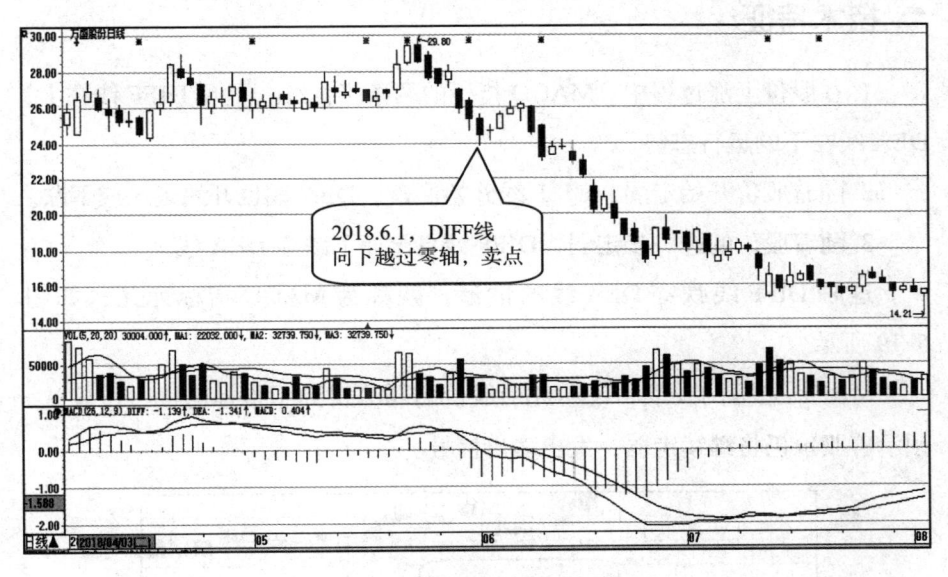

图5-18　万盛股份日K线

实战提高

1. 理解本卖点要对 DIFF 线的本质进行了解。

2. 如果 DIFF 线向下越过零轴的同时，存在放量情形，那么本卖点的可靠性就大大增强。

形态 63：MACD 指标死叉

➲ 技术特征

1. 在股价上涨过程中，MACD 指标的两条指标线，呈现 DIFF 线在上、DEA 线在下的运行态势。
2. 随着股价开始走弱，DIFF 线开始回落，DEA 线也开始走平或下跌。
3. 随着股价的进一步走弱，DIFF 线自上而下跌穿 DEA 线。

这种 DIFF 线跌穿 DEA 线的情形，就称为 MACD 指标死叉，如图 5-19 所示。

MACD 指标的死叉，说明此前股价的弱势得到了指标的进一步确认，预示着股价仍将继续走弱，发出卖出信号。

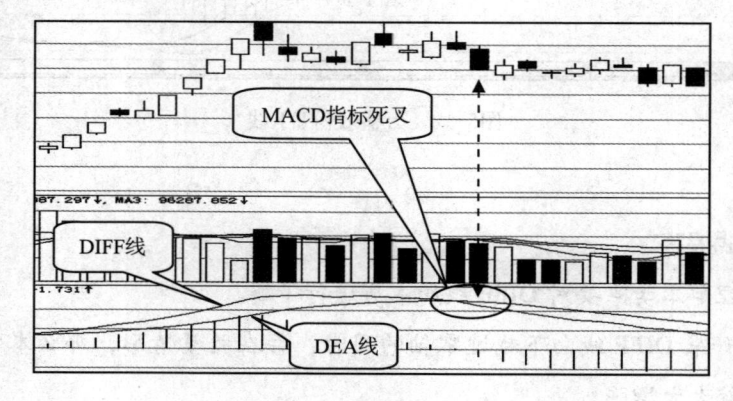

图5-19　MACD指标死叉

出击卖点　DIFF 线跌穿 DEA 线时，构成卖点。

第 5 章 技术指标的卖出形态

◯ **经典案例**

如图 5-20 所示，经过一段上涨走势后，2020 年 7 月 14 日开始，生益科技（600183）的股价逐步走弱，MACD 指标的 DIFF 线也逐步回落。7 月 16 日，该股 MACD 指标的 DIFF 线下穿 DEA 线，预示着股价仍将进一步下跌，卖点出现。

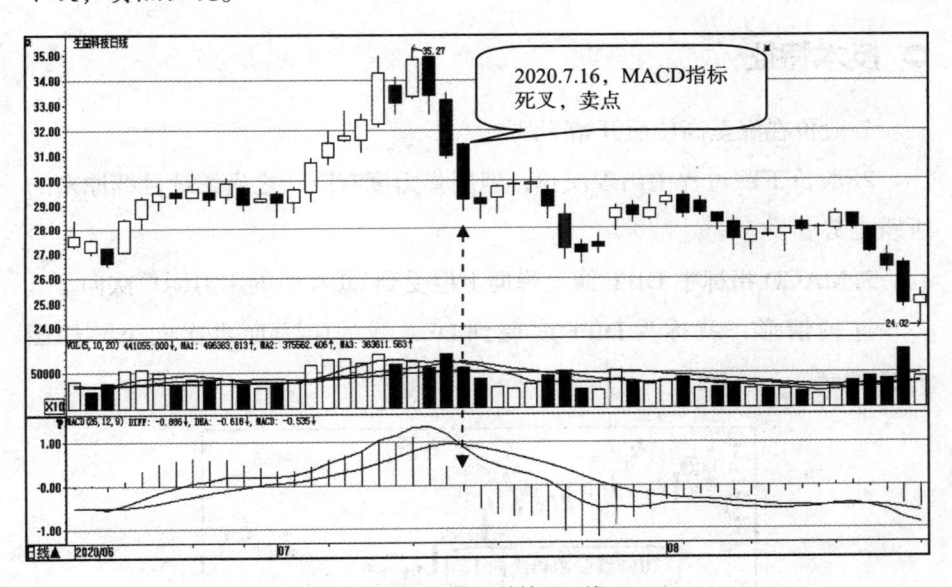

图5-20　生益科技日K线

实战提高

1. 在 MACD 指标出现死叉之前，股价的上涨趋势越强烈，那么死叉卖出的信号就越可靠。

2. 当股价处于盘整趋势时，MACD 的两条指标线会纠缠在一起，出现反复交叉的情形，此时本卖点处于失效状态。

3. 由于 MACD 指标有一定的滞后性，因此该指标出现死叉时，股价往往已经有了一定的跌幅。

形态 64：DIFF 线受 DEA 线的阻力而再次向下

⊃ 技术特征

1. 股价在涨至高位后开始下跌。

2. 股价下跌过程中出现反弹，但反弹力度有限，之后继续延续原来的下跌走势。

3. MACD 指标中 DIFF 线反弹向上但受到 DEA 线的阻力而再次向下。

这种情形，就称为 DIFF 线受到 DEA 线的阻力而再次向下，如图 5-21 所示。

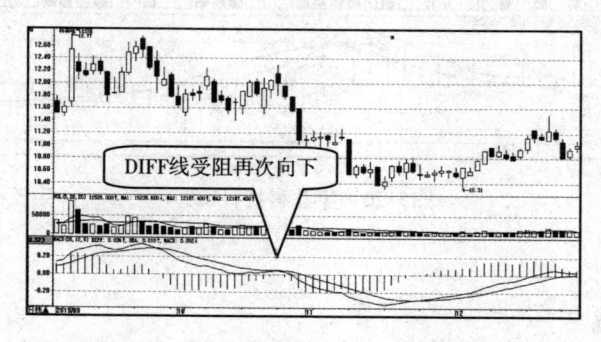

图5-21　DIFF线受DEA线的阻力而再次向下

DIFF 线受到 DEA 线的阻力而再次向下，说明在股价下降过程中，反弹动能有限，无法彻底反转走势，接下来股价将再次延续原来的下跌。当这个信号出现后，会引导更多的人卖出，并使股价继续下跌。

出击卖点　DIFF 线受 DEA 线阻力而再次向下的时候，构成卖点。

● 经典案例

如图 5-22 所示,2018 年 9 月初,中科曙光(603019)在高位开始回落,MACD 指标出现死叉。9 月 10 日,该股放量下跌,DIFF 线向下顺利跌破零轴,说明下跌趋势形成。9 月底,DIFF 线受 DEA 线阻力而再次向下,同时 K 线向下跌破前期低点,卖点出现。

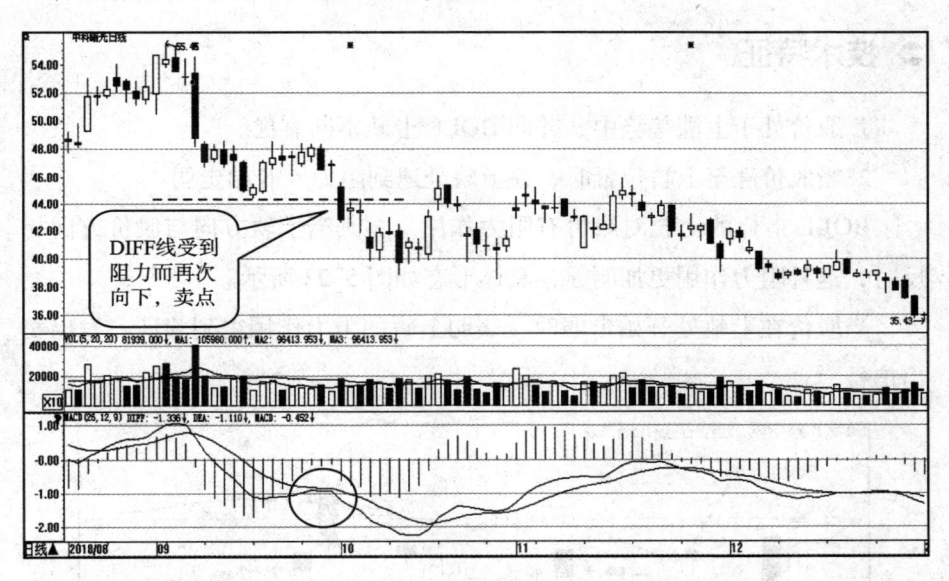

图5-22 中科曙光日K线

实战提高

1. DIFF 线受到 DEA 线的阻力而再次向下时,往往伴随着其他看跌信号,如 MACD 顶背离,DIFF 线跌破零轴等。

2. 要注意量的配合。

3. DIFF 线受到 DEA 线阻力而再次向下,往往预示着一段新的下跌走势即将展开,投资者应注意观望,不要轻易入场抢反弹。

形态 65：股价在 BOLL 上轨处遇阻

➲ 技术特征

1. 股价处于上涨趋势中，并向 BOLL 上轨不断靠拢。
2. 当股价涨至上轨位置时，在上轨处遇到阻力，开始走弱。

BOLL 指标的上轨对股价有阻力作用，尤其当上轨方向与股价方向相反时，这种阻力作用更加明显，具体形态如图 5-23 所示。

当股价在上轨处开始走弱时，表明上轨的阻力作用得到验证，发出卖出信号。

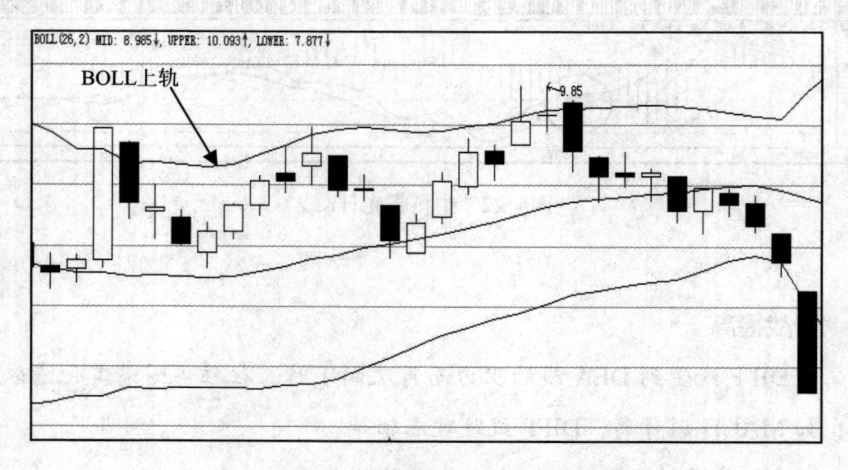

图5-23 BOLL指标上轨阻力

出击卖点 当股价在 BOLL 指标上轨处开始走弱时，构成卖点。

➲ 经典案例

如图5-24所示，2019年10月份，城市传媒（600229）股价连续上涨。其中在10月28日，该股股价涨至BOLL上轨位置受阻，第二个交易日，该股的K线形态上出现倾盆大雨形态，说明上轨的阻力作用非常明显，卖点出现。

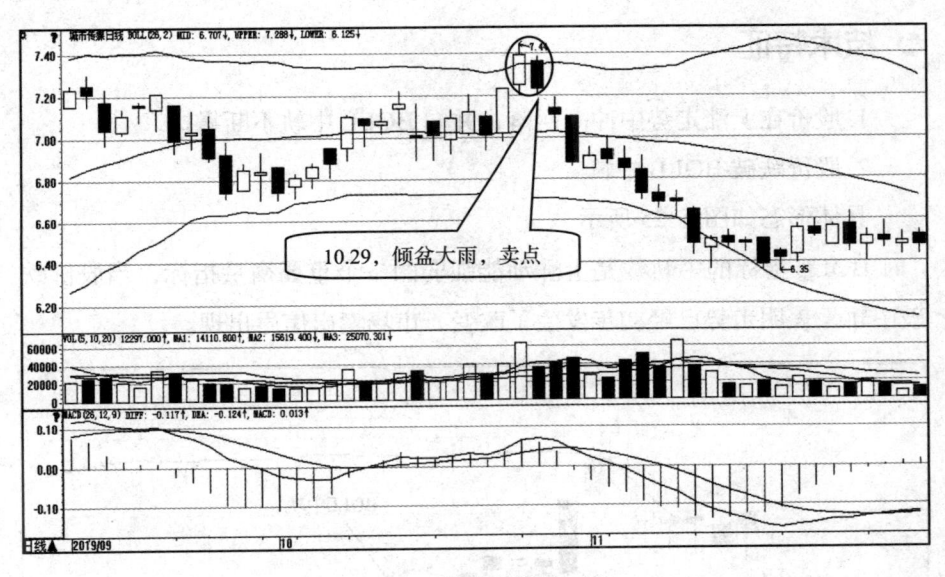

10.29，倾盆大雨，卖点

图5-24　城市传媒日K线

实战提高

1. 当上轨与股价运行方向不一致时，上轨的阻力作用会更加明显。

2. 由于在强势行情中，股价运行至上轨处时，会"顶"着上轨一同向上，此时上轨的阻力失效。

3. 当股价运行至上轨处，同时出现走弱迹象时，本卖点方可成立。

形态 66：股价跌破 BOLL 中轨

◯ 技术特征

1. 股价在上涨走势中冲高回落，并向 BOLL 中轨不断靠拢。
2. 股价跌破 BOLL 中轨。

具体形态如图 5-25 所示。

BOLL 指标的中轨线是上涨动能强弱的一个重要衡量指标，当股价跌破中轨，表明走势已经初步发生了改变，市场卖出信号出现。

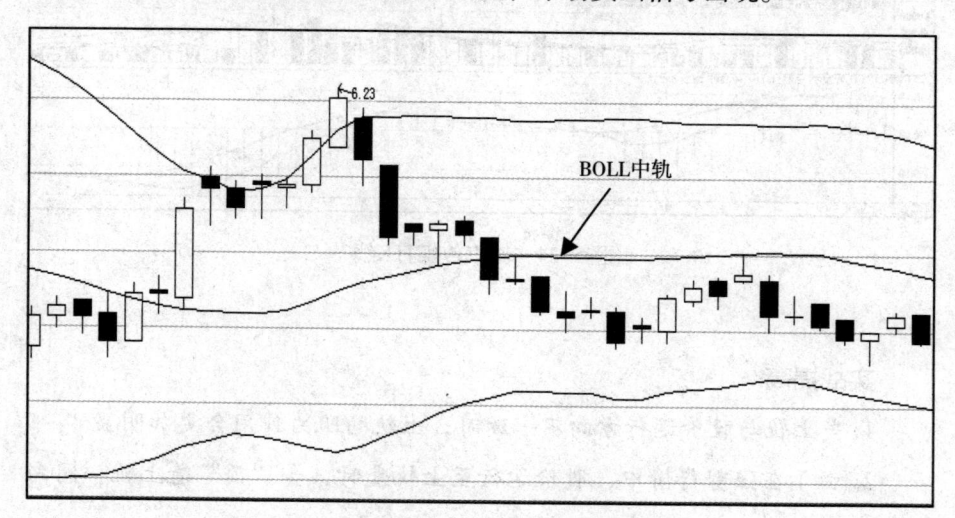

图5-25 股价跌破BOLL中轨

> 出击卖点 当股价跌破 BOLL 指标中轨时，构成卖点。

⊃ 经典案例

如图5-26所示，2019年9月中旬开始，歌华有线（600037）冲高后在BOLL指标上轨处受阻，不断回落。9月25日，股价在BOLL中轨处略受支撑后向下突破中轨，表示下跌动能加速，卖点出现。

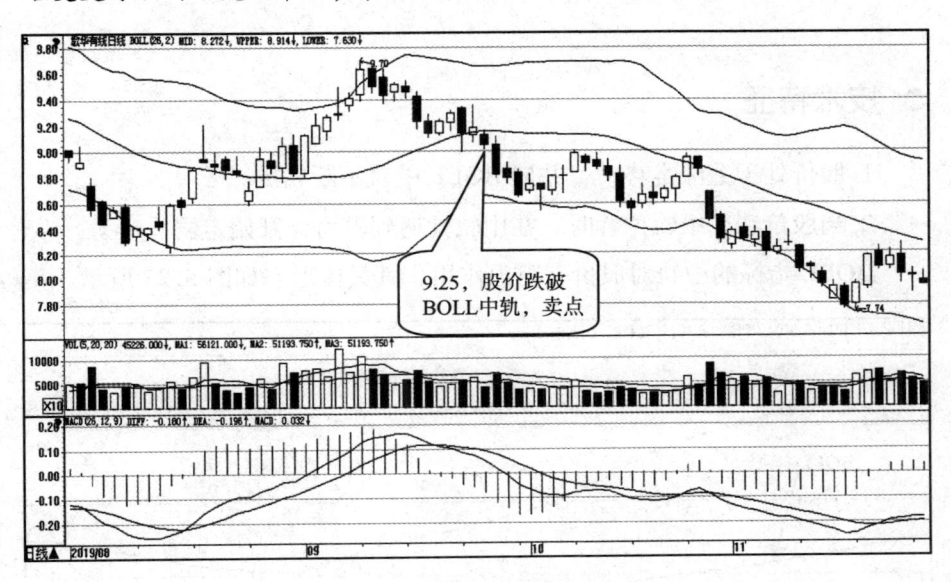

图5-26 歌华有线日K线

实战提高

1. 当股价跌破中轨之前，股价通常会先在上轨处发出卖出信号，投资者要注意把握这个卖点。

2. 股价跌破中轨后可能会有一个反弹确认的过程，这是对下跌动能释放的验证，也可以作为一个卖点。

3. 把握具体的卖出时机时，要结合低级别的BOLL指标加以综合判断，如60分钟级别的BOLL指标。

形态 67：股价在 BOLL 中轨处遇阻

➲ **技术特征**

1. 股价处于上涨走势中，并向 BOLL 中轨不断靠拢。
2. 当股价涨至中轨位置时，在中轨处遇到阻力，开始走弱。

BOLL 指标的中轨对股价有阻力作用，其具体形态如图 5-27 所示。

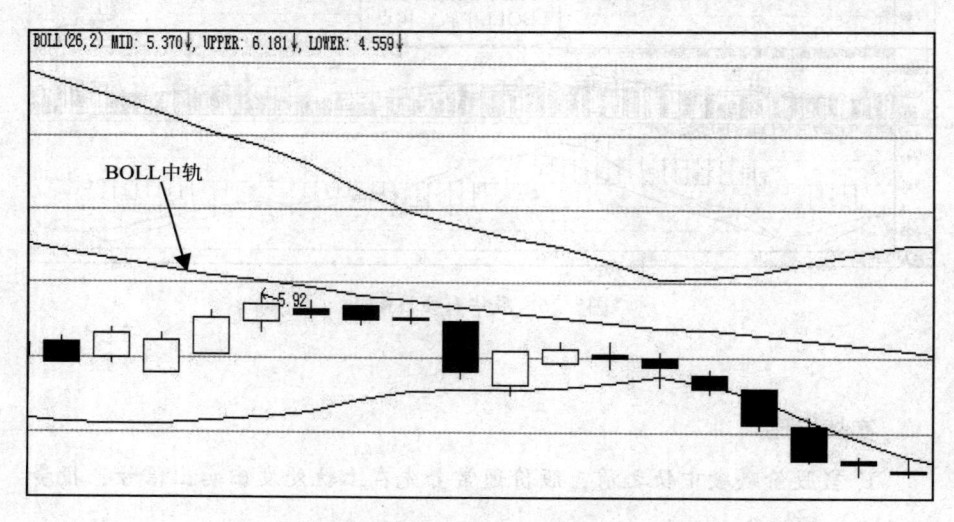

图5-27　BOLL指标中轨阻力

当股价在中轨处走弱时，表明中轨的阻力得到验证，发出卖出信号。

> **出击卖点**　当股价在 BOLL 指标中轨处开始走弱时，构成卖点。

⇨ 经典案例

如图 5-28 所示，2020 年 3 月初，在一段下降趋势中，工商银行（601398）出现了反弹走势，但反弹在 BOLL 线中轨处遇阻。当该股股价在中轨处走弱时，卖点出现。

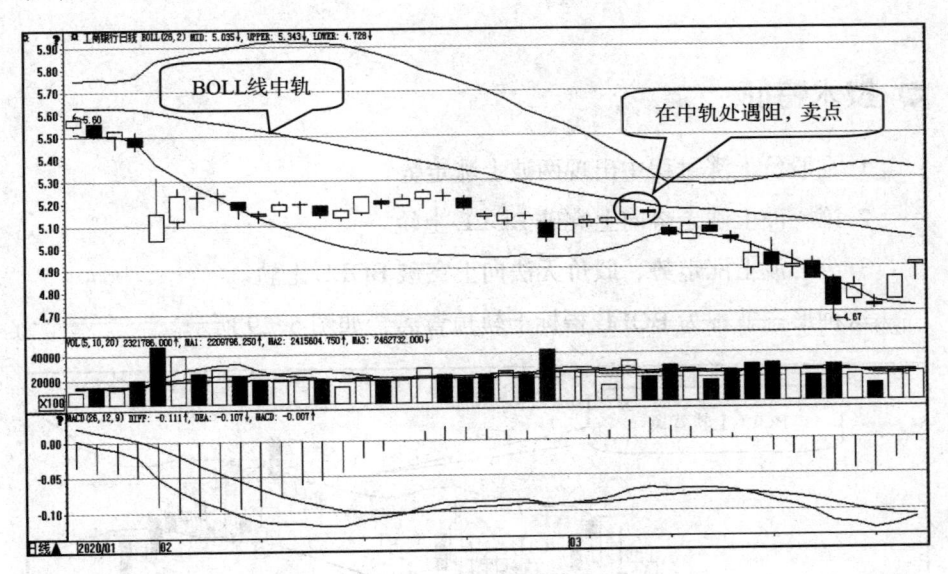

图5-28 工商银行日K线

实战提高

1. 当中轨与股价运行方向不一致时，其阻力作用会更加明显。

2. 在下跌趋势中，如果股价出现弱势的反弹走势，那么往往会在中轨处遇阻回落。

3. 与上轨阻力的卖点一样，当股价在中轨处出现明显走弱迹象时，表明中轨阻力得到验证，此时本卖点方才有效。

形态 68：BOLL 指标上轨顶背离

➲ 技术特征

1. 在股价上涨过程中出现两波上涨走势。
2. 第一波上涨走势向上突破 BOLL 上轨。
3. 第二波上涨走势，股价无法向上突破 BOLL 上轨。

这种形态就称为 BOLL 指标上轨顶背离，如图 5-29 所示。

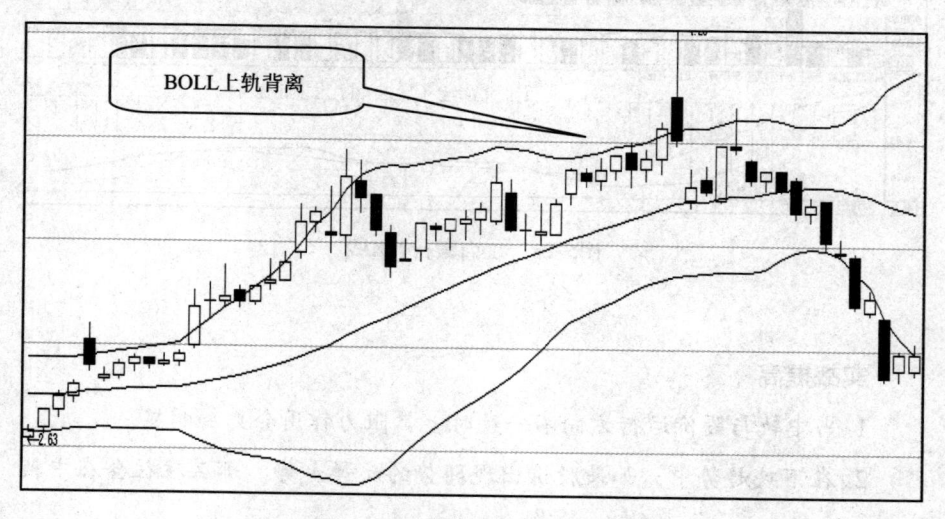

图5-29　BOLL指标上轨顶背离

BOLL 指标上轨顶背离，表明市场上涨动能已经明显减弱，股价在 BOLL 指标上轨处受到了相当的阻力作用。接下来，股价有较大可能转势，由上涨趋势转为下跌趋势。

> **出击卖点** 顶背离＋上轨附近下跌信号出现时，构成卖点。

⊃ 经典案例

如图 5-30 所示，2019 年 2 月至 4 月，中国联通（600050）出现一波上涨趋势，末期 BOLL 指标上轨形成顶背离形态。4 月 23 日，K 线形成看跌吞没形态，同时股价也在 BOLL 指标上轨受阻，卖点出现。

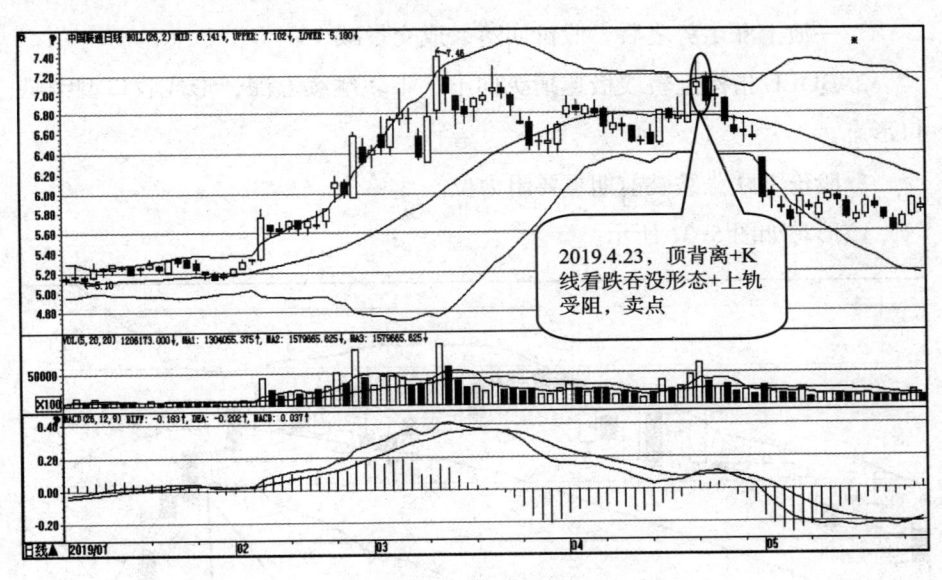

图5-30 中国联通日K线

实战提高

1. 股价连续多次突破上轨是上涨动能强劲的表现，如果第二波上涨走势无法突破上轨，要注意下跌趋势的形成。

2. 该形态最好结合其他卖出信号综合分析，尤其是上轨附近的 K 线形态，要关注其卖出形态的出现。

形态 69：收口型喇叭口后再破阻力位

⊃ 技术特征

1. 一波上涨走势之后，股价回落，成交量减少。
2. BOLL 指标上轨线极速掉头向下，下轨继续上涨，形成收口型喇叭口形态。
3. 股价下跌，跌破前期重要阻力位。

该形态如图 5-31 所示。

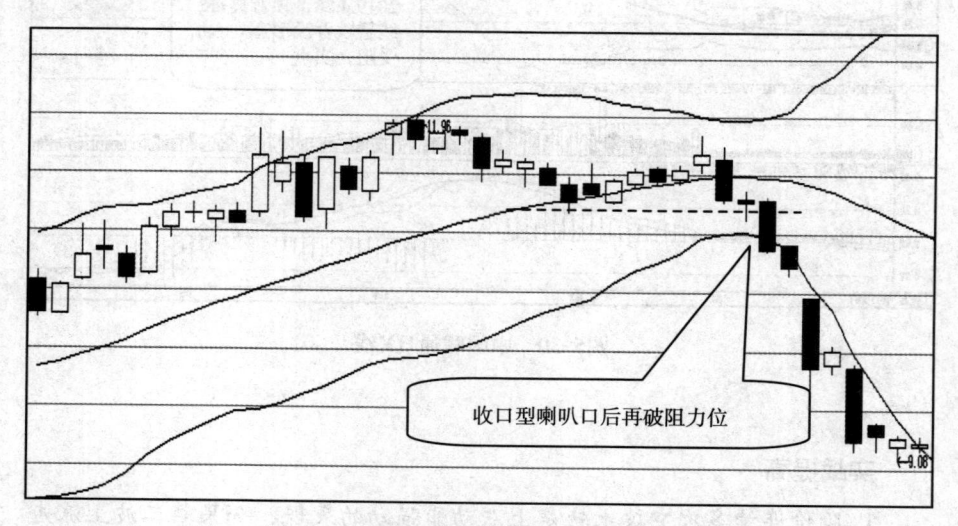

图5-31 收口型喇叭口后再破阻力位

收口型喇叭口一旦出现，说明在一段时间内市场下跌动能较为强劲。此时，如果再出现股价下跌突破前期支撑位的情形，股价就此转势的概率大增。

> **出击卖点** 收口型喇叭口＋股价跌破前期支撑位，构成卖点。

◯ 经典案例

如图5-32所示，2019年2月至3月，黄山旅游（600054）持续上涨。从4月份开始，股价冲高回落，BOLL指标逐渐形成收口型喇叭口形态。4月25日，股价跌破前期低点，这是一个重要的支撑位，说明市场下跌趋势彻底形成，投资者要注意及时卖出。

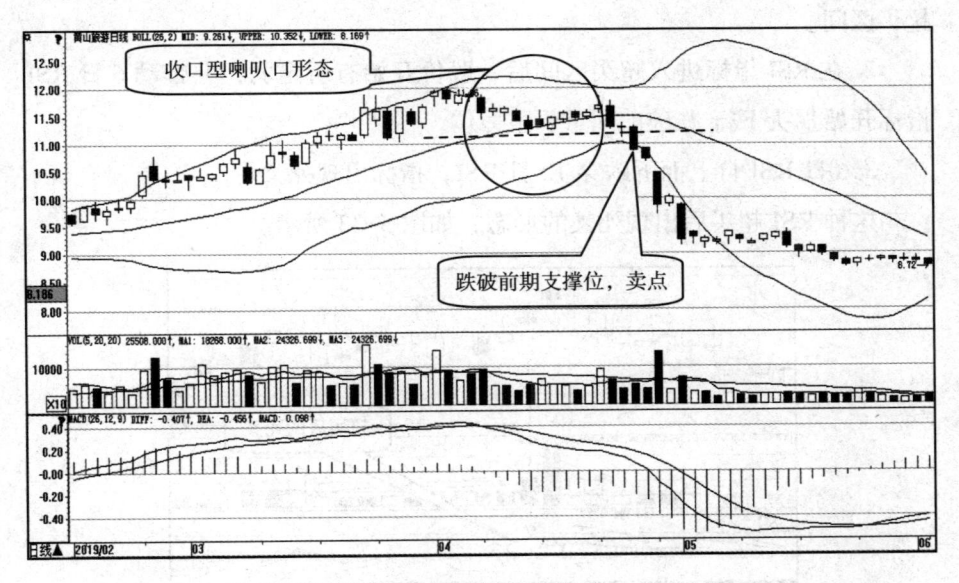

图5-32 黄山旅游日K线

实战提高

1. 当股价跌破前期支撑位之前，股价通常会先在上轨处、中轨处也发出相应的卖出信号，投资者要注意把握这些卖点。

2. 要注意成交量的配合。

形态 70：RSI 指标超买后出现死叉

◐ 技术特征

1. 随着股价的上涨，RSI 指标跟随上扬，而且 6 日 RSI 指标进入 80 的超买区间。

2. 在 RSI 指标进入超买区间后，股价开始有所走弱，并带动 6 日 RSI 指标开始拐头下行。

3. 6 日 RSI 自上而下跌穿 12 日 RSI，指标出现死叉。

这种 RSI 超买后出现死叉的形态，如图 5-33 所示。

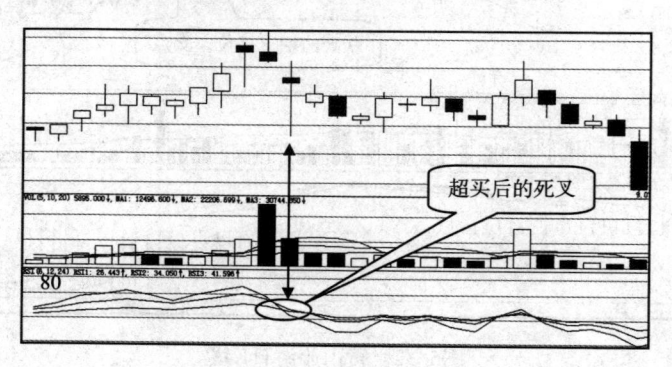

图5-33 RSI指标死叉

RSI 指标进入超买区间，意味着股价上涨已经"超出了买方的实力"，股价随时可能下跌。指标死叉意味着股价已经真正开始走弱，发出了卖出信号。

> **出击卖点**　6 日 RSI 到达超买区间后，与 12 日 RSI 形成死叉时，构成卖点。

⊃ 经典案例

如图5-34所示，2020年7月，在一段大涨走势中，上海临港（600848）的6日RSI达到80上方的超买区间，预示着股价随时可能下跌。2020年7月14日，该股的6日RSI死叉12日RSI，表明股价的下跌走势已经得到验证，卖点出现。

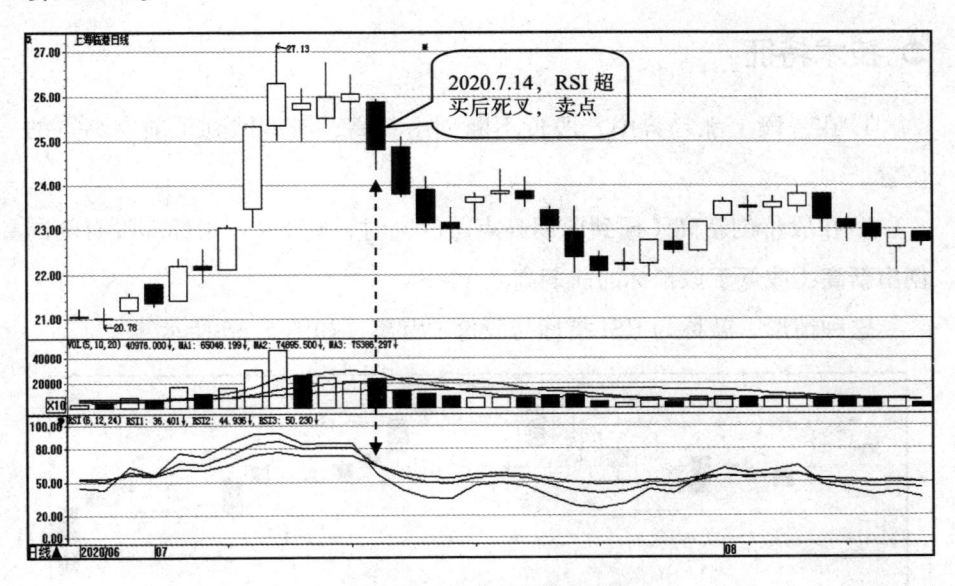

图5-34　上海临港日K线

实战提高

1. 在震荡行情中，本卖点较为有效。

2. 当RSI指标的三条指标线均处于超买区间时，此时死叉的卖出信号将非常可靠。

3. 在单边上涨或者下跌走势中，RSI指标容易出现钝化，因此本卖点容易发出无效信号。

形态71：RSI指标与股价顶背离

➲ **技术特征**

1. 在一段上涨趋势中，股价不断创出新高，或者回到了前期高点的位置。

2. 在股价创新高（回到前期高点）的同时，6日RSI指标却没有随同创出新高（或低于该指标的前期高点）。

这种情形，就称为RSI指标与股价顶背离，如图5-35所示。

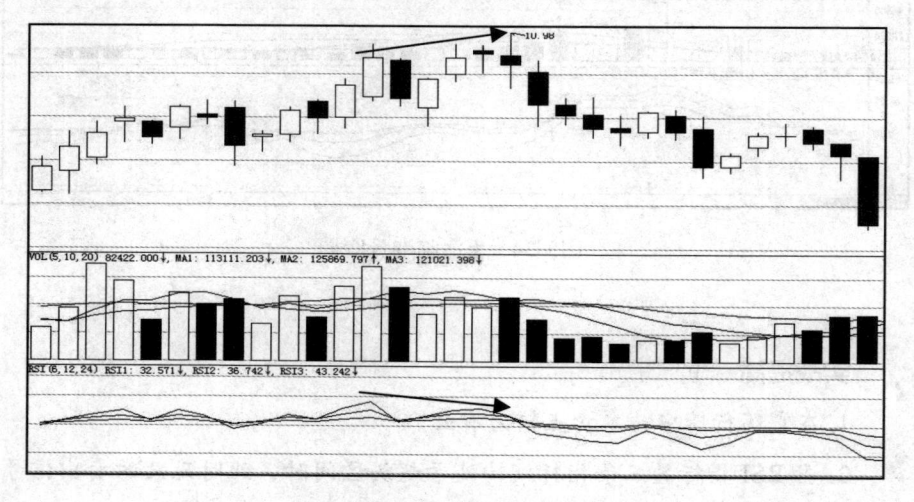

图5-35 RSI指标与股价顶背离

RSI指标的顶背离，说明股价涨势已经出现疲态，发出卖出信号。

▶ **出击卖点** 指标顶背离后，股价出现走弱迹象时，构成卖点。

↪ 经典案例

如图5-36所示，2020年8月初，海欣股份（600851）的股价创出本轮上涨行情的新高，但RSI指标却没有创出新高，出现顶背离。8月4日，该股的K线出现倾盆大雨形态，卖点出现。

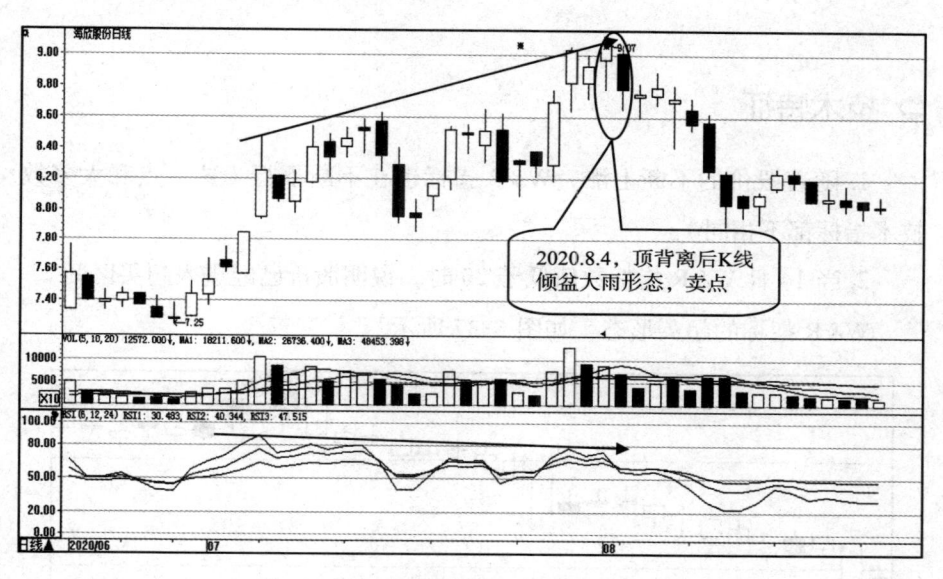

图5-36 海欣股份日K线

实战提高

1. 通常，在RSI指标出现多次背离后，股价才开始下跌，因此投资者可以采取分批卖出的方式来规避风险。

2. 如果RSI指标的顶背离，发生在该指标的超买区间，那么本卖点将更加可靠。

形态 72：W&R 指标超买

➲ 技术特征

1. 随着股价的不断上涨，W&R 指标也在不断下行（这一点和大多数技术指标都不相同）。

2. 当 14 日 W&R 指标数值低于 20 时，说明股价已经进入超买区间。W&R 指标的超买形态，如图 5-37 所示。

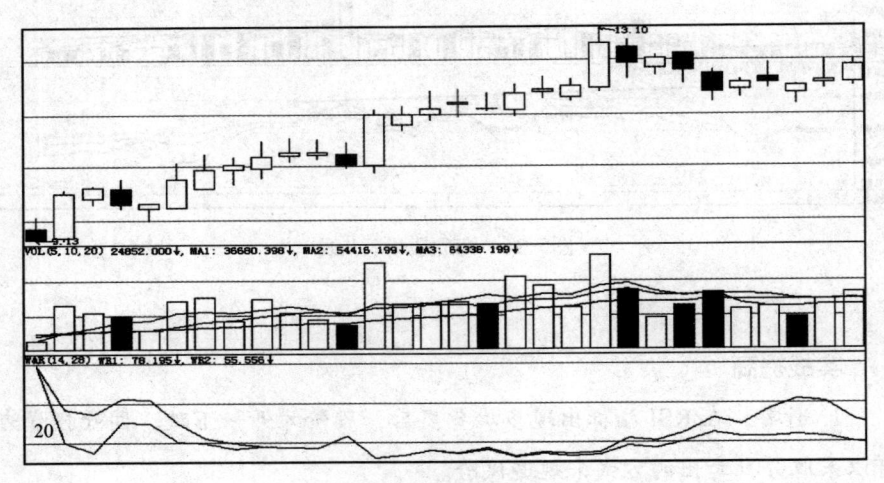

图5-37　W&R指标超买

当 W&R 指标处于超买区间时，意味着股价已经进入顶部区域，发出卖出信号。

出击卖点　当 14 日 W&R 指标再次回到 20 上方时，构成卖点。

➲ 经典案例

如图5-38所示,2020年2月下旬,随着股价的不断攀升,龙建股份(600853)的14日W&R指标跌破20,进入超买区间。3月9日,该股的14日W&R指标再次回到20上方,表明股价真正开始走弱,卖点出现。

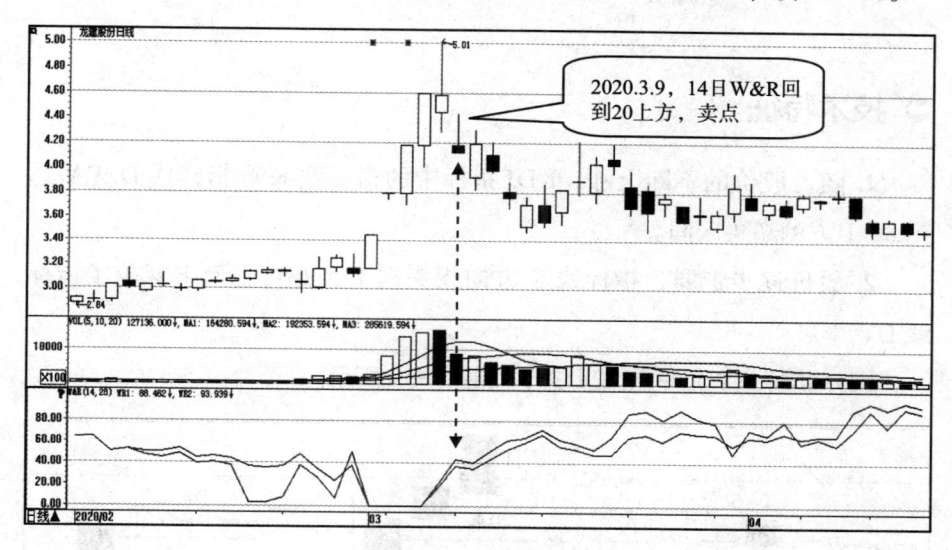

图5-38 龙建股份日K线

实战提高

1. 当一只股票的W&R 14跌破20时,投资者仍可以继续持股,但是需要重点关注该股的后市行情。等到W&R 14再次回升到20上方,投资者就需要将手中的股票卖出。

2. 当W&R 14跌破20后,如果成交量也持续萎缩,则验证了多方力量衰弱的信号,这样的情况下该形态的看跌信号更加强烈。

3. 不同股票的超买区间会有所不同。对于波动幅度较小的股票,投资者可以将超买区间范围放大到0~25。对于波动幅度较大的股票,投资者可以将超买区间范围缩小到0~15。

形态 73：KDJ 指标超买后出现死叉

⊃ **技术特征**

1. 随着股价的不断上涨，KDJ 指标中的指标线 K 和指标线 D 先后达到 80 上方的超买区间。

2. 股价逐步走弱，指标线 K 方向拐头向下，并自上而下穿越了指标线 D。

KDJ 指标超买后的死叉形态，如图 5-39 所示。

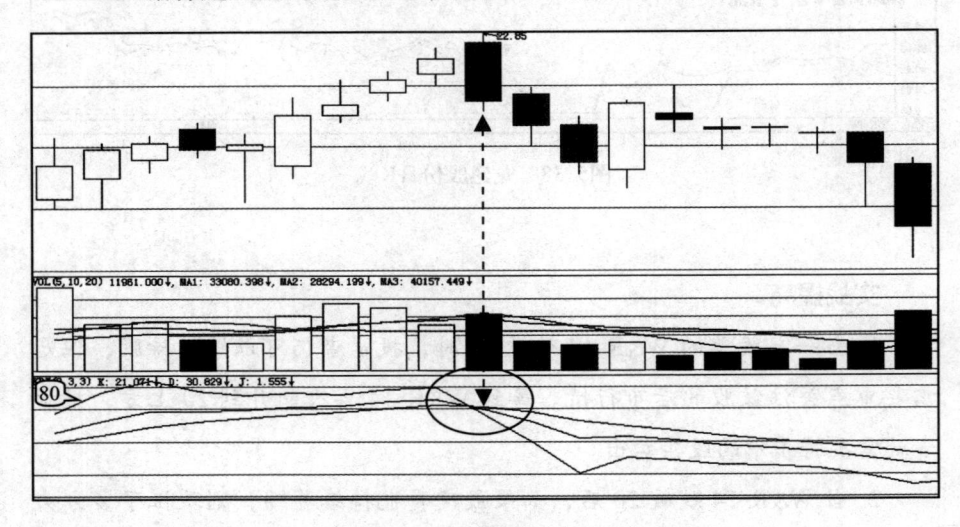

图5-39 KDJ指标超买后死叉

KDJ 指标超买时，预示着股价随时可能下跌，而死叉的出现，则说明股价已经开始走弱，发出卖出信号。

第 5 章 技术指标的卖出形态

出击卖点 超买后的死叉出现时，构成卖点。

○ 经典案例

如图 5-40 所示，2020 年 3 月下旬至 4 月初，在一段上涨走势中，航天长峰（600855）KDJ 指标中的指标线 K 和指标线 D，先后进入 80 以上的超买区间。4 月 8 日，指标线 K 下穿指标线 D，形成死叉，卖点出现。

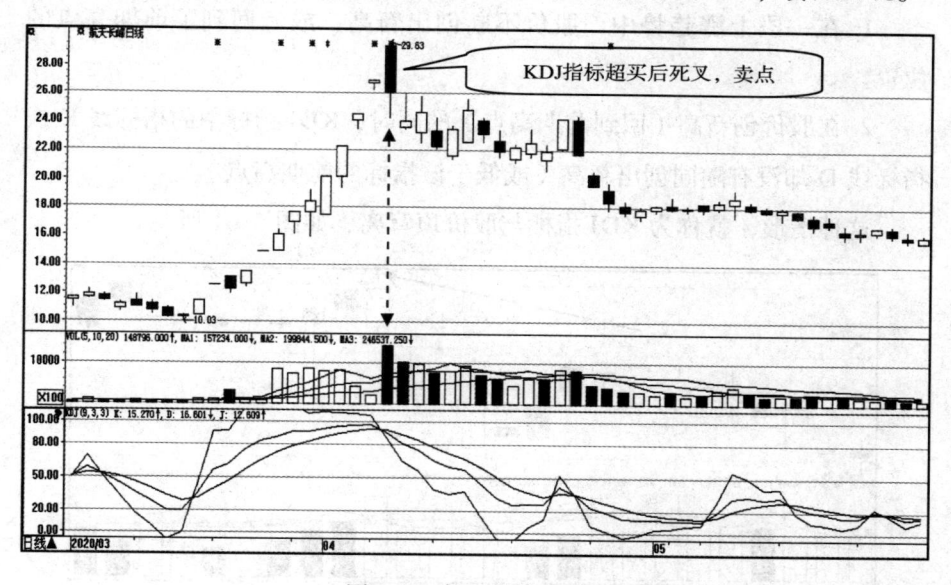

图5-40 航天长峰日K线

实战提高

1. 死叉出现之前，KDJ 指标的超买程度越严重，那么死叉的卖出信号就越强烈。

2. 由于 KDJ 指标容易出现钝化情形，因此，投资者可以结合 K 线等其他分析方法，来进行综合研判。

形态 74：KDJ 指标与股价顶背离

⊃ **技术特征**

1. 在一段上涨趋势中，股价不断创出新高，或者回到了前期高点的位置。

2. 在股价创新高（回到前期高点）的同时，KDJ 指标中的指标线 K 或指标线 D 却没有随同创出新高（或低于该指标的前期高点）。

这种情形，就称为 KDJ 指标与股价顶背离，如图 5-41 所示。

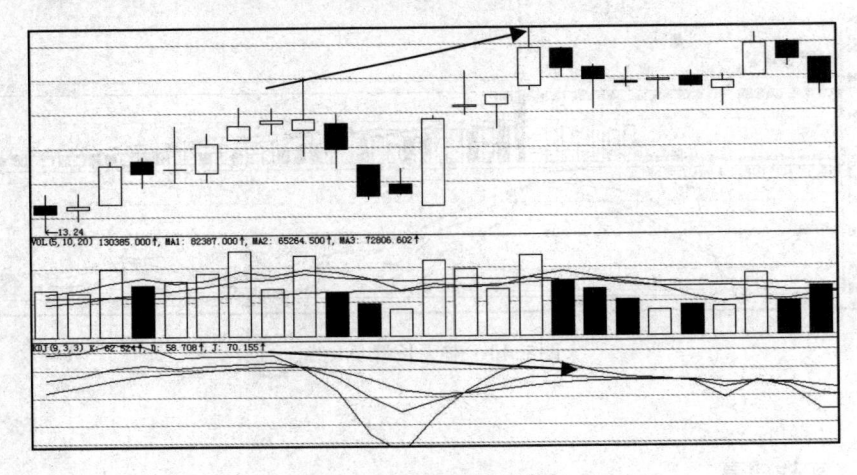

图5-41　KDJ指标顶背离

KDJ 指标与股价的顶背离，预示着股价随时可能下跌，发出卖出信号。

> **出击卖点** 当 KDJ 指标与股价顶背离时，如果同时 K 线上也出现了某个见顶形态，则构成卖点。

◐ 经典案例

如图 5-42 所示，2019 年 11 月初，江苏银行（600919）的股价创出本轮行情的新高，但 KDJ 指标却没有创出新高，顶背离出现。与此同时，该股的 K 线图中出现平头顶部的看跌形态，卖点出现。

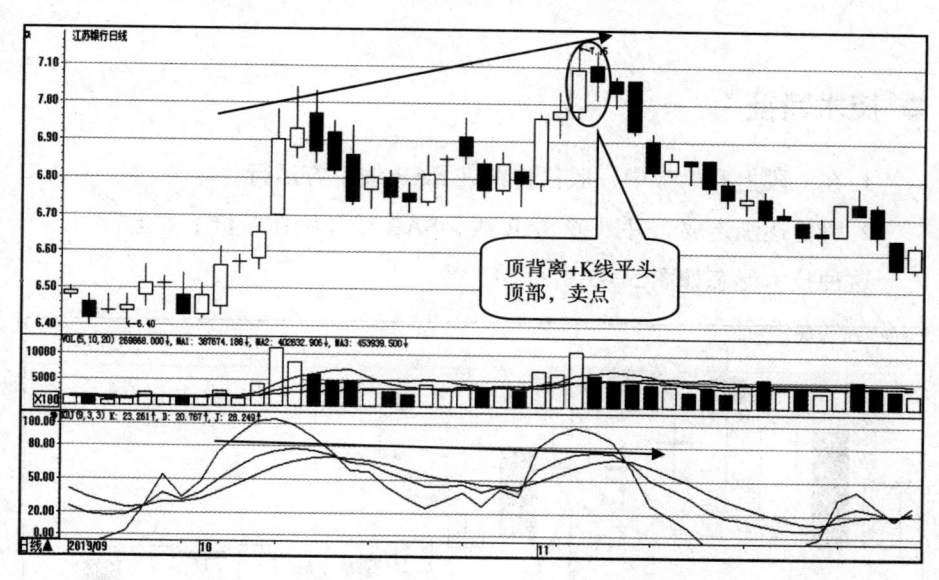

图5-42　江苏银行日K线

实战提高

1. 在股价上涨过程中如果成交量持续萎缩，则是对多方力量减弱的进一步肯定，这样顶背离形态就更加可靠。

2. 顶背离形态出现时指标线 K 或指标线 D 的位置越高，那么该形态的看跌信号就越强烈。

形态75：股价自上而下跌破SAR线

⊃ **技术特征**

1. 在一段上升趋势中，股价持续在SAR线上方运行。

2. 股价逐渐走弱，并跌破SAR线，SAR线开始在股价上方运行。

这种技术形态如图5-43所示。

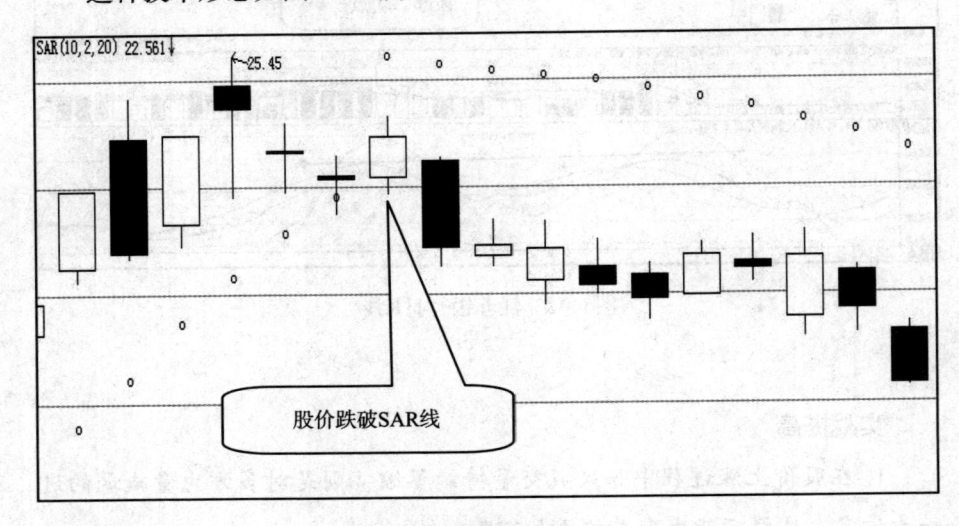

图5-43　股价跌破SAR线

当股价跌破SAR线时，预示着股价趋势已经反转，发出卖出信号。

出击卖点 ➡ 股价跌破SAR线时，构成卖点。

⊃ 经典案例

如图 5-44 所示，2020 年 2 月，爱柯迪（600933）于上涨走势中，股价持续在 SAR 线上方运行。3 月 3 日，该股股价跌破 SAR 线，卖点出现。

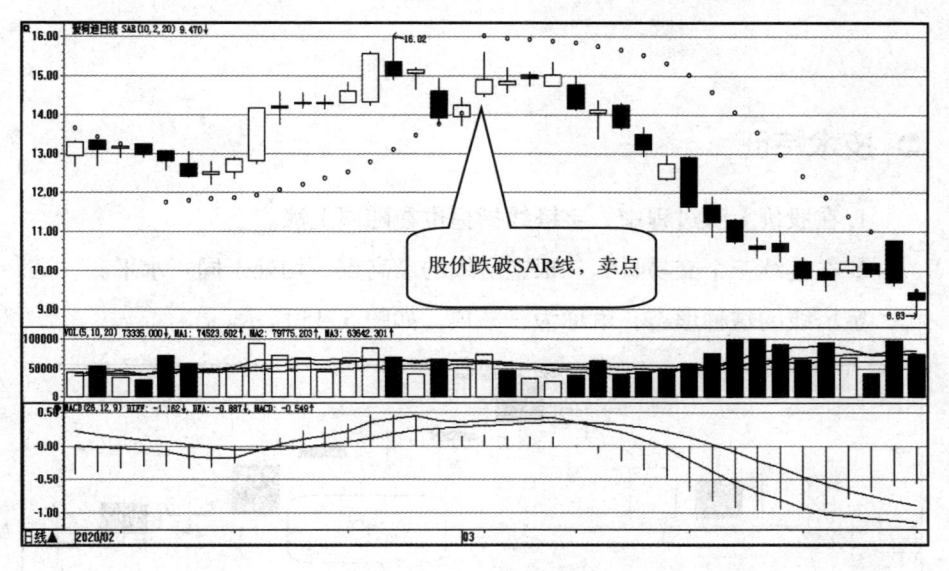

图5-44　爱柯迪日K线

实战提高

1. 在震荡行情中，股价与 SAR 线容易纠缠在一起，此时本卖点处于失效状态。

2. 股价跌破 SAR 后，二者之间的距离越远，未来股价的下跌空间就越大。如果 SAR 紧贴在 K 线最高价附近，说明多方力量还十分强大，此时的下跌可能仅仅是一次短期回调。

3. 如果股价跌破 SAR 后二者之间的距离逐渐收窄，可能下跌行情不会持续太长时间，这样投资者卖出股票后可以继续观望，一旦股价再次突破 SAR 就可以将股票买回。

形态 76：宝塔线指标的高位三平顶

➲ 技术特征

1. 在股价上涨过程中，宝塔线指标也在随同上涨。
2. 在连续三个交易日，三根宝塔线的最高点，均处于同一水平。

宝塔线的这种形态，就称为三平顶，如图 5-45 所示。

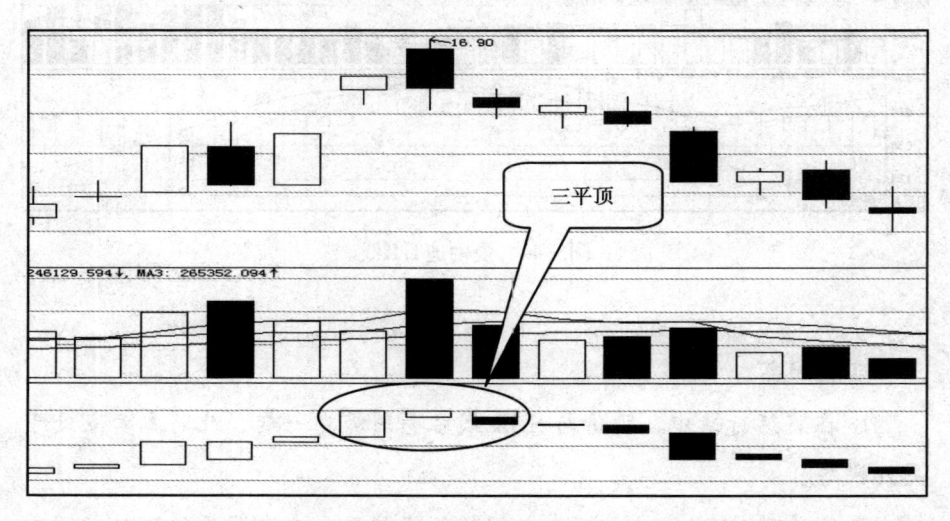

图5-45 宝塔线三平顶

宝塔线的三平顶形态，意味着此前股价的强势上涨行情已经结束，发出卖出信号。

出击卖点 ➡ 三平顶出现后，宝塔线翻绿时，构成卖点。

第 5 章 技术指标的卖出形态

⇨ 经典案例

如图 5-46 所示，经过一段上涨趋势后，2019 年 4 月中旬，重庆建工（600939）股价有所走弱。同时该股的宝塔线指标中，连续三根宝塔线的最高点均处于同一水平，构成三平顶形态。同时，三平顶形态中的第二根宝塔线（4月16日）对应的 K 线形成高位孕线形态，第三根宝塔线（4月17日），出现了由红翻绿的情形，构成卖点。

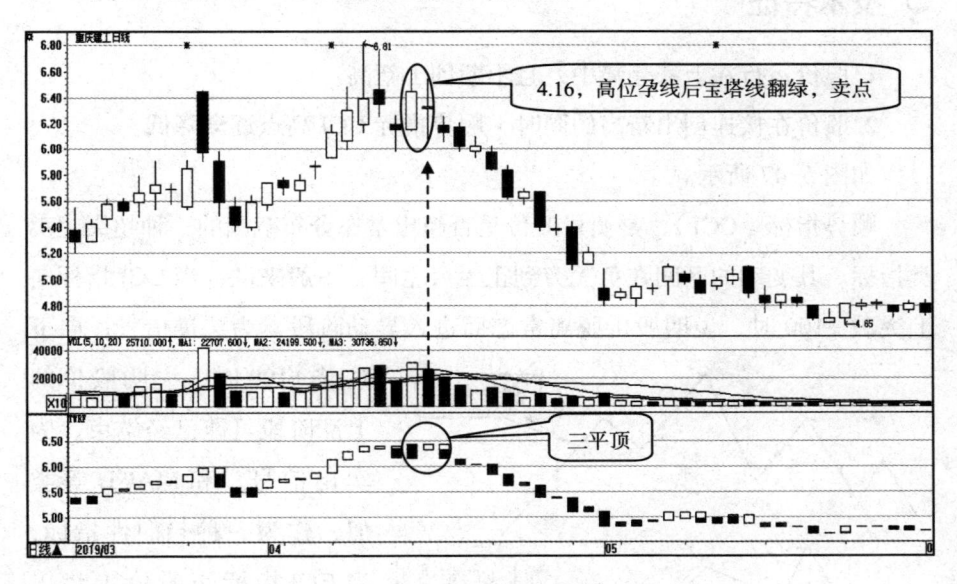

图5-46　重庆建工日K线

实战提高

1. 此前的上涨幅度越大，本卖点就越有效。

2. 除三平顶形态外，还有多平顶（高点在同一水平的宝塔线超过3根）和双平顶（两根宝塔线的高点处于同一水平），卖出原则相同。

3. 本卖点适用于短线卖点。

形态 77：CCI 指标与股价走势的顶背离

➲ 技术特征

1. 股价运行在上涨趋势中，且不断创出新高。
2. 股价在接连创出新高的同时，顺势指标 CCI 高点逐渐降低。

如图 5-47 所示。

顺势指标（CCI），是衡量股价是否超出常态分布范围的一种超买超卖类指标。其变动的区间在负无穷到正无穷之间，一般来说，当 CCI 指标向上突破 +100 时，说明股价脱离常态而进入异动阶段，为买进信号；向下跌破 +100 时，说明股价的上涨阶段可能已经结束，为卖出信号。和 MACD 等类似，作为一种趋向性指标，当 CCI 指标与股价走势出现背离时，同样也发出看跌（看涨）信号。

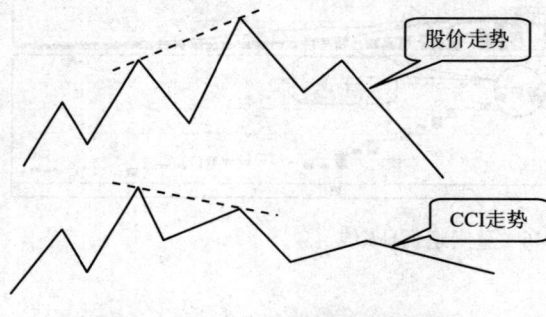

图5-47 CCI指标与股价走势的顶背离

出击卖点1 CCI 已经与股价走势形成顶背离后，投资者可以适当降低仓位，保住已有利润。

出击卖点2 当股价在顶部出现见顶信号时，投资者应该即刻清仓离场，持币观望。

⊃ 经典案例

如图 5-48 所示，2020 年 8 月初，股价处在上涨趋势中的株冶集团（600961）再次创出新高，此时虽然 CCI 指标已经达到将近 200，但是 CCI 指标并没有与股价同时创出新高，从而形成顶背离，反映出盘中追涨力量不足，股价上涨势头难以持续很长时间。8 月 7 日，顶背离后 K 线形成黄昏之星，卖点出现。

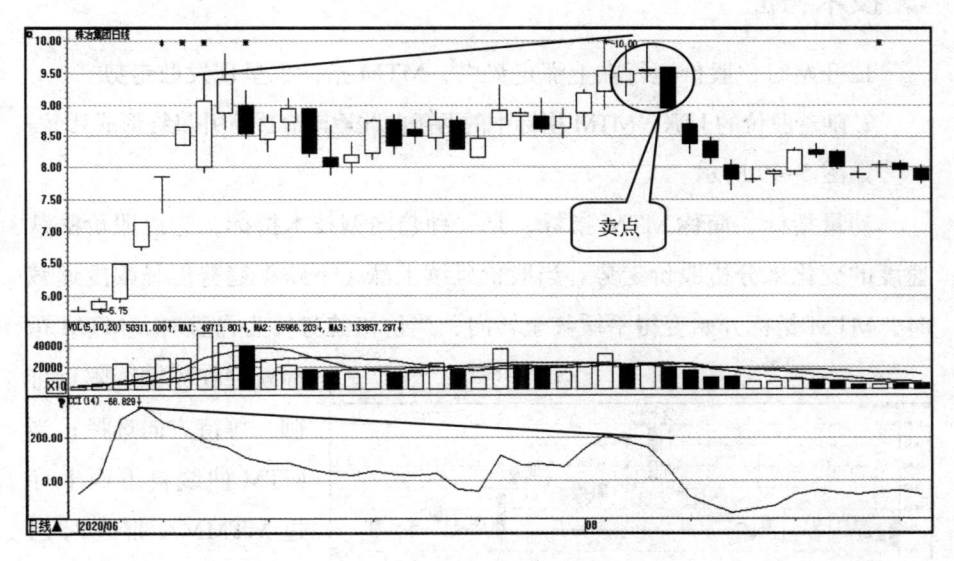

图5-48　株冶集团日K线

实战提高

1. 由于顶背离形态是一种趋势上的看跌信号，但是并不能反映出具体的卖点。所以，投资者可以在其他技术指标（K 线形态、MACD）发出卖出信号的同时做出清仓操作。

2. CCI 指标适用于股价突破后的连续上涨或者连续下跌行情。当股价在一个区间内连续的反复震荡时，CCI 指标难以发出有效的买卖信号，故当在震荡走势中出现背离走势时，投资者应当参考其他的技术指标进行买卖点的判别。

形态 78：MTM 指标上方出现的死叉

➲ 技术特征

1. 开始时，股价运行在上涨走势中，MTM 指标也呈现发散走势。
2. 随着股价的上涨，MTM 指标中的两条曲线逐渐靠拢，并最终形成死叉。如图 5-49 所示。

动量指标，简称 MTM 指标，是一种趋向型技术指标，它以股价涨跌速度的变化来分析股价走势。当股价延续上涨（下跌）趋势但是幅度递减时，MTM 指标开始变得平缓甚至转向；当价格趋势转为盘整时，MTM 指标就会在零轴线附近徘徊，等待方向选择；当 MTM 曲线自下而上穿过 MTMMA 曲线时出现金叉，发出买进信号；当 MTM 曲线自上而下穿过 MTMMA 曲线时出现死叉，发出卖出信号。

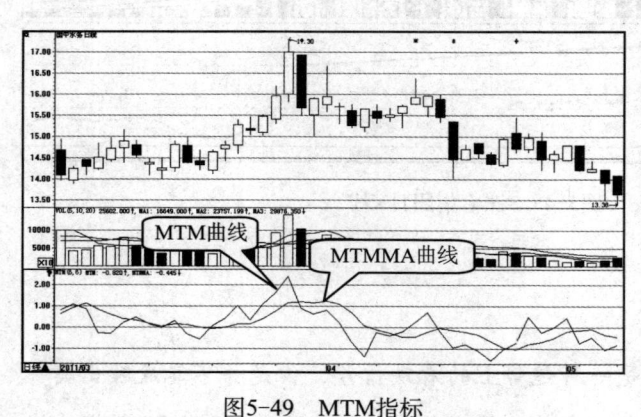

图5-49 MTM指标

出击卖点 MTM 曲线自上而下穿过 MTMMA 曲线时形成死叉，标志着股价的上涨走势可能已经结束，投资者应该及时离场。

第 5 章 技术指标的卖出形态

⊃ **经典案例**

如图 5-50 所示，2020 年 7 月 15 日，苏宁易购（002024）股价在经过一段时间的上涨后，动量指标（MTM）在高位出现死叉，表明股价的上涨动能已经衰竭，短期内股价将要出现下跌走势，发出卖出信号，卖点出现。

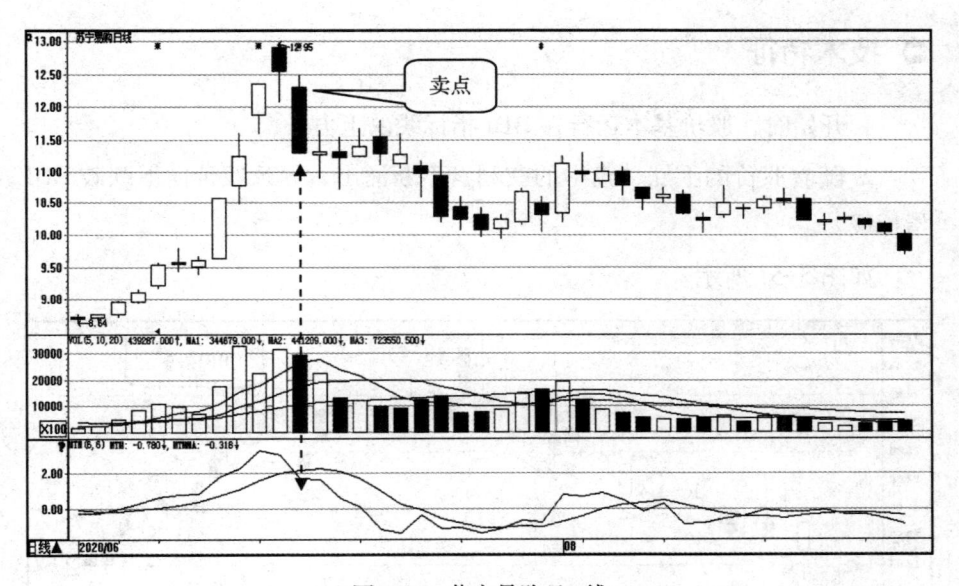

图5-50 苏宁易购日K线

实战提高

1. 当 MTM 曲线与 MTMMA 曲线形成死叉时，如果卖出信号得到其他技术指标的验证，那么股价下跌的概率大大增加。

2. MTM 指标也是一项趋向性指标，一般在趋势较为明朗的中期行情中参考价值较大，盘整震荡行情由于股价反复波动，其参考意义不大。

形态 79：股价高位跌破 BBI 指标线

➲ 技术特征

1. 开始时，股价基本运行在 BBI 指标线的上方。

2. 随着股价的上涨，盘中的获利盘不断涌出，导致股价向下跌破 BBI 指标线。

如图 5-51 所示。

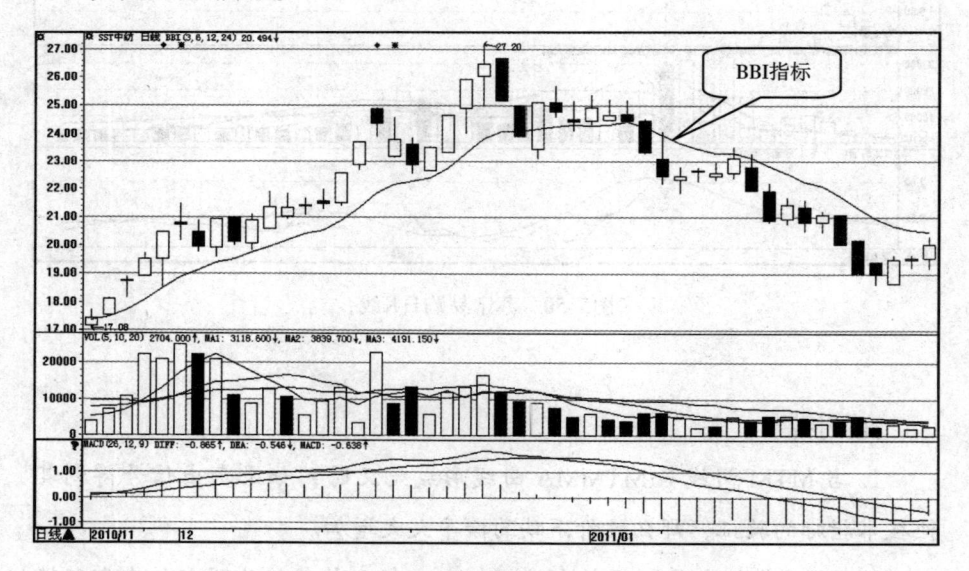

图5-51 BBI指标

多空指标，简称 BBI 指标，是将不同日数移动平均线加权平均之后的综合指标，属于均线型指标，一般选用 3 日、6 日、12 日、24 日等 4 条平均线。它是一种与移动平均线基本相同的技术指标，其本身就是对普通移动平均线的再次计算和改进。当股价向下跌破该指标线时,说明股价的上涨走势终结,发出卖出信号;当股价向上突破该指标线时,说明股价将要进入上涨走势,发出买进信号。

出击卖点 当股价向下跌破 BBI 指标线时,说明股价的上涨走势已经终结,投资者应该及时离场观望。

⊃ 经典案例

如图 5-52 所示,2020 年 3 月 12 日,之前运行在 BBI 指标线上方的上工申贝(600843)向下跌破 BBI 指标线,它标志着股价的上涨走势已经结束,发出卖出信号,卖点出现。

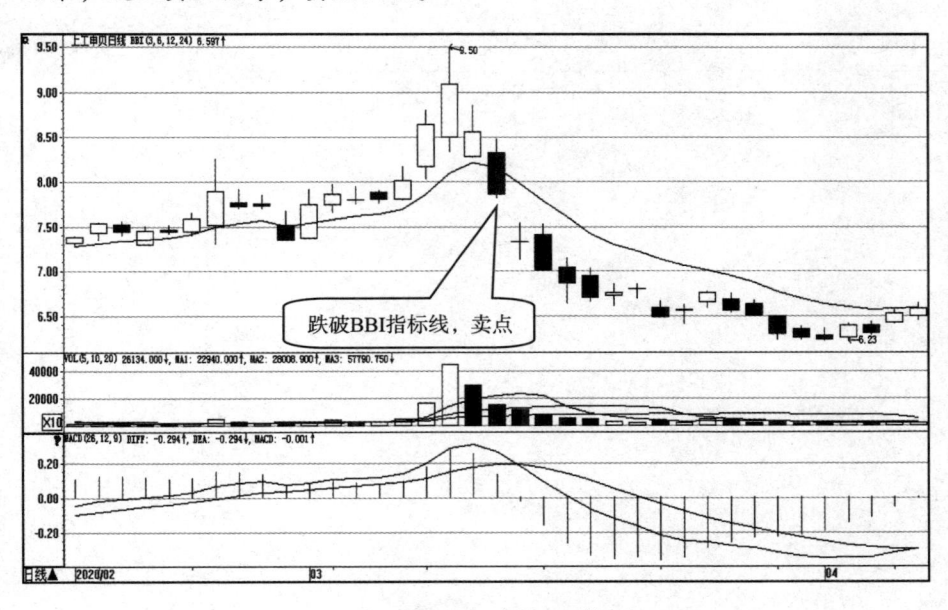

图5-52 上工申贝日K线

实战提高

1.股价在 BBI 线上方运行的时间越长,那么跌穿 BBI 线时发出的卖出信号就更加强烈。

2. BBI 指标的一个缺陷是，当股价稍有盘整时，BBI 线容易与股价纠缠在一起，此时指标会频繁发出买卖信号。投资者应用 BBI 指标时，需要特别注意这一点，最好能与其他指标进行综合分析。

第 6 章
量价关系的卖出形态

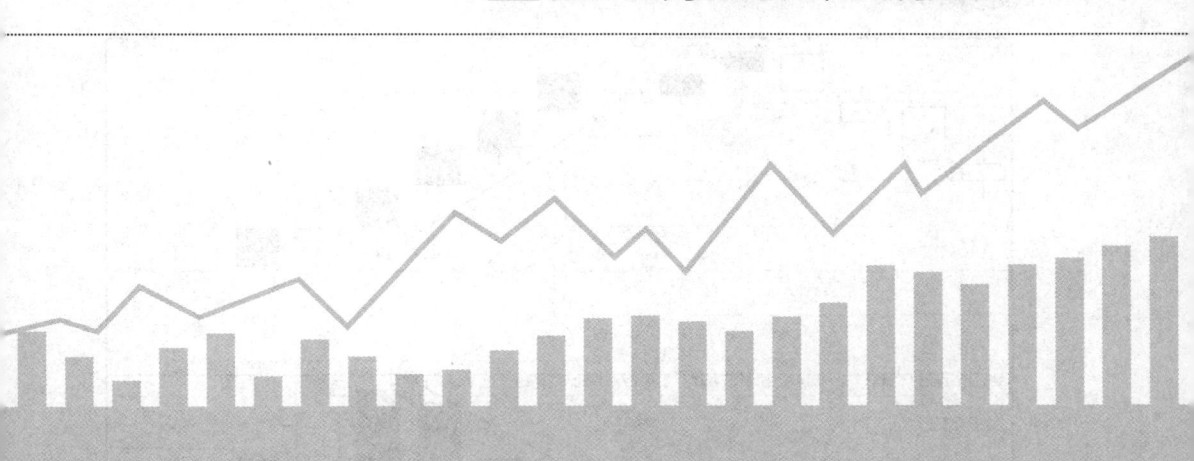

形态 80：高位的价跌量增

➲ 技术特征

1. 股价在大幅上涨之后，开始连续下跌。
2. 在下跌过程中，成交量也呈现逐步放大的态势。

这种成交量随着股价下跌而放大的走势，就称为价跌量增，如图 6-1 所示。

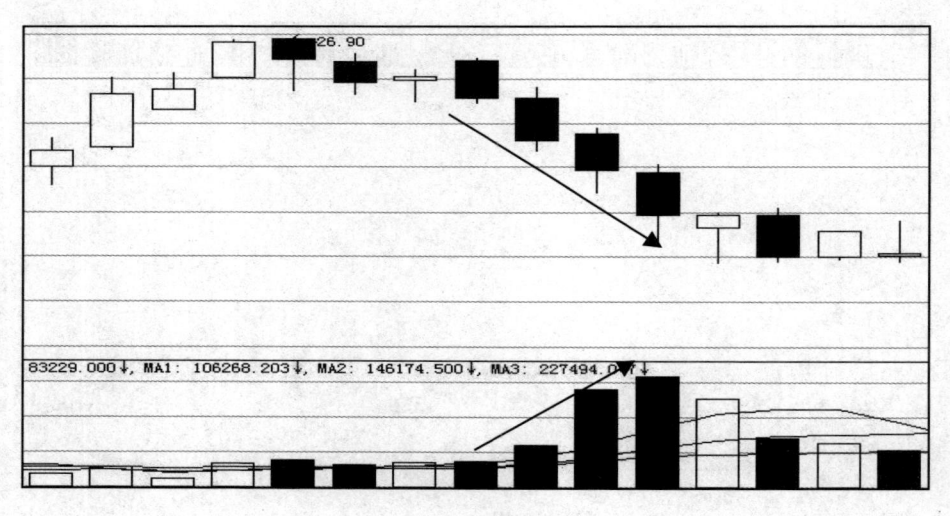

图6-1　价跌量增

在长期大幅上涨之后，价跌量增意味着机构开始杀跌出货，股价后市继续看跌，发出卖出信号。

> 出击卖点　大幅上涨后出现价跌量增形态时，构成卖点。

第 6 章 量价关系的卖出形态

⇨ **经典案例**

如图 6-2 所示，经过一段上涨趋势后，2018 年 6 月 6 日至 2018 年 6 月 11 日，锦江酒店（600754）股价连续下跌，同时在下跌过程中，该股成交量逐步放大，呈现价跌量增形态，卖点出现。

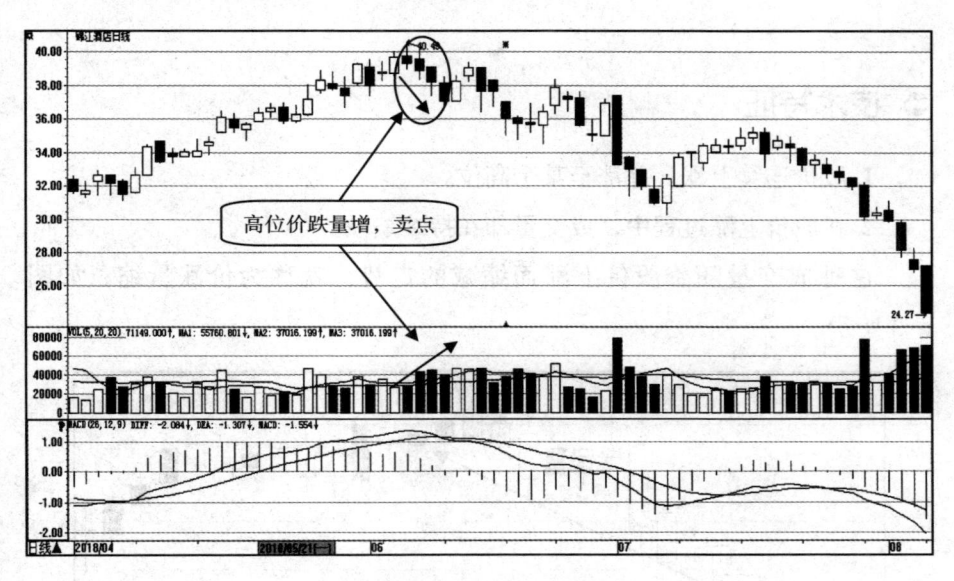

图6-2 锦江酒店日K线

实战提高

1. 大幅上涨之后的价跌量增，是非常重要的量价背离形态。往往意味着获利丰厚的长线筹码开始不计成本地杀跌出局，后市股价仍有较大的下跌空间。

2. 在价跌量增过程中，短线投资者应立即进行清仓操作，中长线投资者可以逐步卖出股票。

3. 在价跌量增过程中，投资者不可盲目逢低买入，而应保持观望。

形态 81：高位的价涨量缩

➲ 技术特征

1. 股价连续上涨，并涨至某个高位。
2. 在股价上涨过程中，成交量却在持续缩减。

这种成交量随着股价上涨而缩减的走势，就称为价涨量缩，如图6-3 所示。

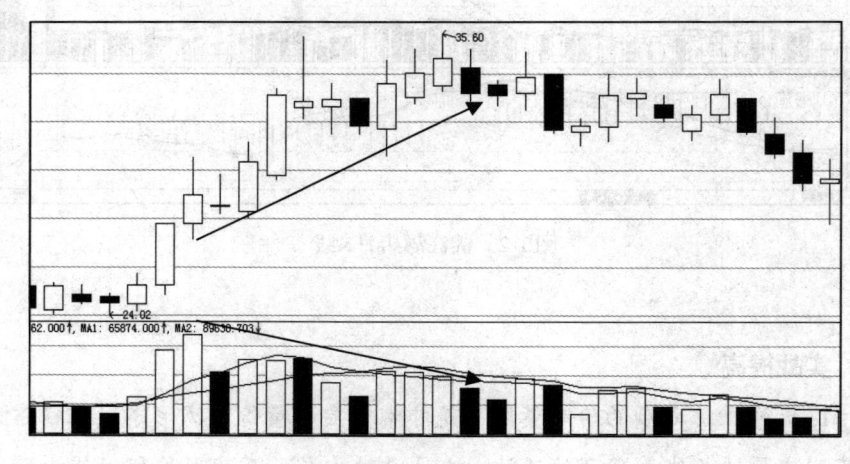

图6-3 价涨量缩

在大幅上涨之后，价涨量缩意味着股价的上涨动力在逐渐衰竭，股价随时可能下跌，发出了卖出信号。

出击卖点　　价涨量缩出现的同时，K 线上出现某个看跌形态，构成卖点。

⇨ 经典案例

如图6-4所示，2020年2月底至3月初，红塔证券（601236）的股价创出新高，但与此同时，成交量却在不断缩减，出现价涨量缩的形态。3月11日，该股的K线构成了倾盆大雨形态，卖点出现。

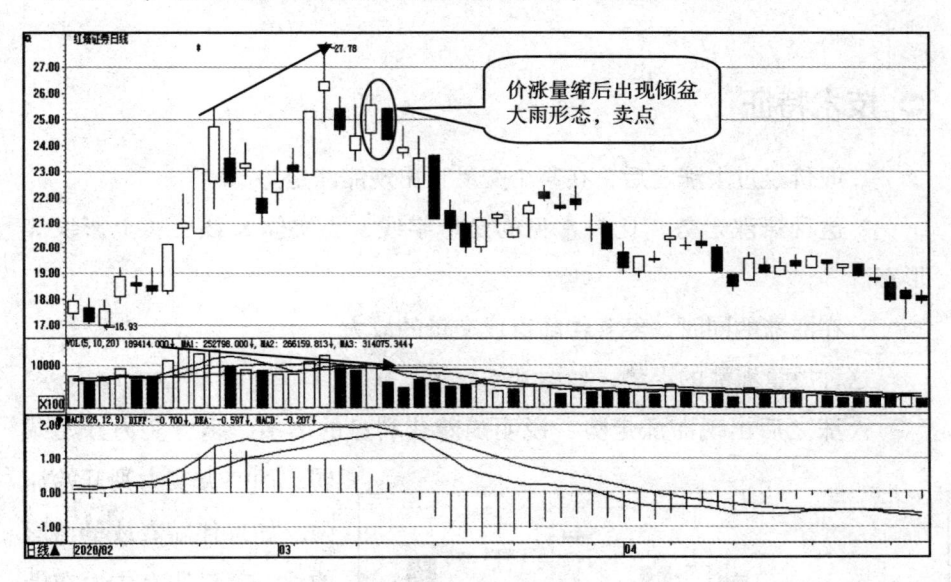

图6-4 红塔证券日K线

实战提高

1. 价涨量缩，是非常重要的价量背离形态。不过由于这个看跌形态是一个区域，因此为了把握具体的卖点，投资者需要结合K线形态来综合研判。

2. 在价涨量缩形态中，有时是持续上涨＋持续缩量，有时则是在震荡上涨过程中，成交量出现一波比一波低的态势。

3. 在价涨量缩过程中，空仓投资者不可随意入场买入，持股投资者应保持密切关注，注意把握卖出时机。

形态 82：大涨之后开始滞涨

⊃ **技术特征**

1. 股价经过大涨之后，在某个交易日出现滞涨走势。

2. 这种滞涨走势，比较常见的是十字线、小实体 K 线、长上影线等形态。

3. 在滞涨的同时，经常伴随着成交量的放大。

这种放量滞涨的走势，如图 6-5 所示。

大涨之后出现滞涨走势，说明随着获利盘的增多，多方实力开始减弱，而空方实力则开始加强。如果伴随着放量情形的话，就说明有主力在借机大力出货，发出卖出信号。如果股价在后市无法收复放量价位，那么主力出货得到验证，同样发出卖出信号。

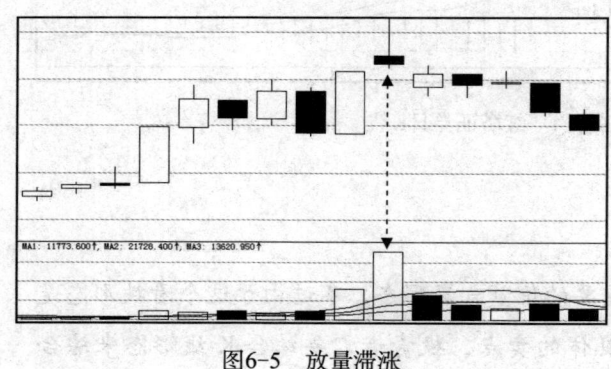

图6-5 放量滞涨

出击卖点1 　大涨之后滞涨时，构成卖点 1。

出击卖点2 　后市股价无法继续走强，构成卖点 2。

第 6 章　量价关系的卖出形态

◐ 经典案例

如图 6-6 所示，2020 年 7 月 7 日，在上交易日放量大涨后，农业银行（601288）出现高位震荡走势，收出一根带长上影线的阴线，放量滞涨非常明显，卖点出现。在后一个交易日中，该股股价低开，形成一根小星线，验证了前个卖点的可靠性。

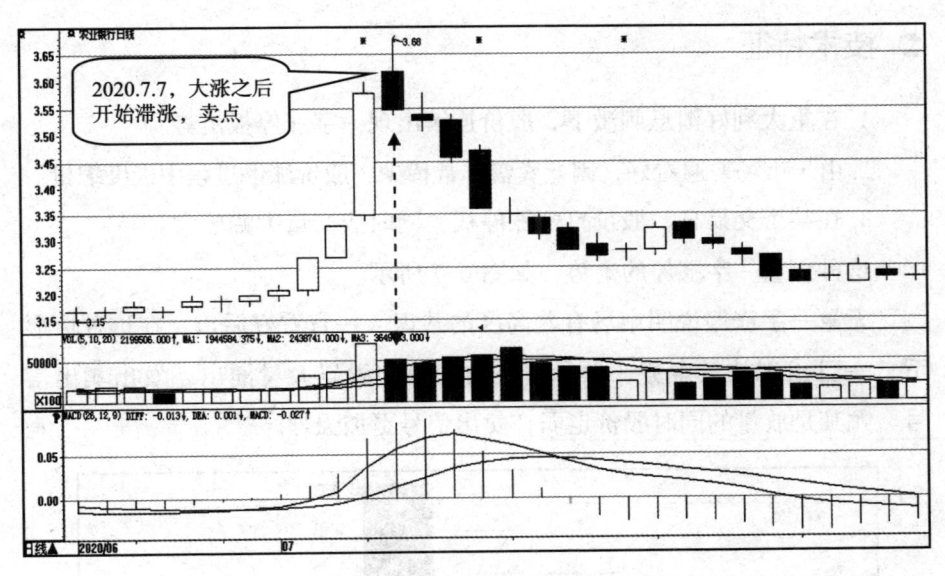

图6-6　农业银行日K线

实战提高

1. 之前的涨势越猛，那么本卖点的可靠性就越高。

2. 当天的走势越弱，放量越大，那么本卖点的可靠性就越高。

3. 本卖点中，最关键的是股价滞涨，也就是股价走弱。对于短线投资而言，在出现放量滞涨时，就应该清仓离场。中长线投资者可以在卖点 1 初步卖出，待卖点 2 出现时可卖出剩余股票。

形态83：无量一字涨停后放量下跌

➲ 技术特征

1. 在重大利好消息刺激下，股价连续出现一字涨停板走势。
2. 由于市场普遍看好，因此卖盘非常稀少，股价涨停过程中极度缩量。
3. 在某个交易日，股价打开涨停板，同时成交量大幅放大。

这种无量一字涨停的走势，如图6-7所示。

无量一字涨停说明市场有着高度的共识，一直看好后市。在这种情形下，一旦出现放量走势，预示着主力的获利筹码大量涌出，发出卖出信号。尤其是放量的同时股价走弱，卖出信号更加强烈。

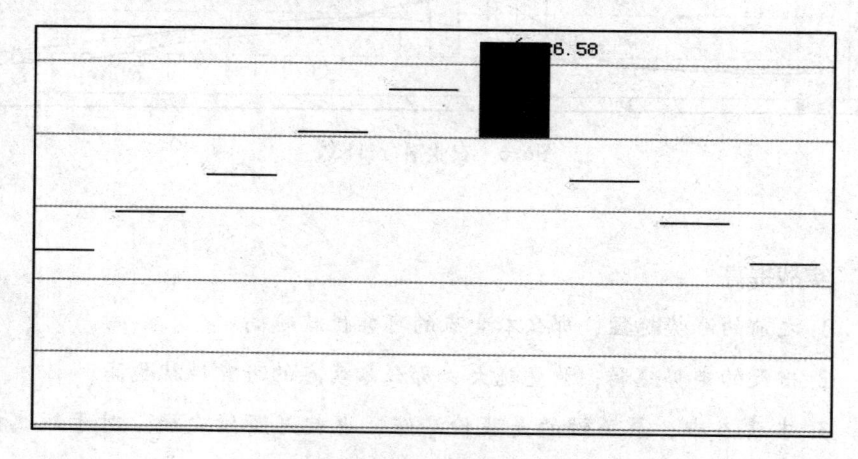

图6-7　无量一字涨停

出击卖点　　无量涨停后出现放量情形时，构成卖点1。

第 6 章 量价关系的卖出形态

>出击卖点2   放量之后股价下跌，构成卖点2。

◎ 经典案例

如图 6-8 所示，2020 年 7 月 8 日开始，大连港（601880）在利好消息刺激下，出现了连续无量一字涨停走势。7 月 13 日，该股高开低走，放量下跌，卖点出现。

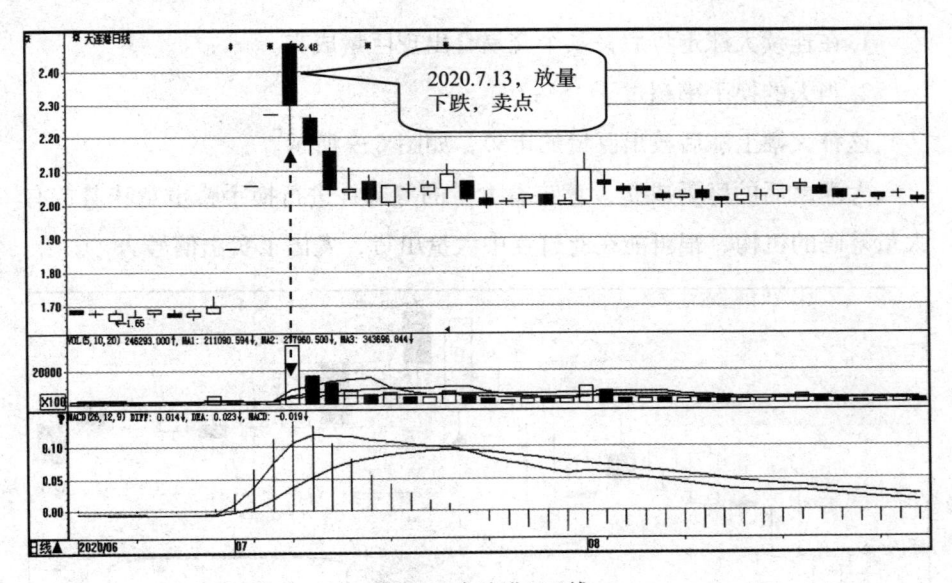

图6-8 大连港日K线

实战提高

1. 无量涨停后的放量，说明筹码出现大量换手，对于短线投资者而言，卖出是最适当的选择。

2. 通常，主力会利用放量阴线实现震仓洗盘的目的。如果后市股价能够超越这个放量价位，就说明洗盘得到证实，那么投资者可以选择再次买入。

3. 这种无量一字涨停的走势，在 ST 板块中比较常见。

形态 84：大幅上涨后放出巨量

◯ **技术特征**

1. 在连续大涨走势后，某个交易日出现巨量成交。
2. 当天的换手率超过了 15%。

这种大幅上涨后放出巨量的走势，如图 6-9 所示。

大涨之后的巨量成交，意味着大量的筹码在进行换手，也意味着持有大量筹码的机构，很可能在此过程中大量出货，发出了卖出信号。

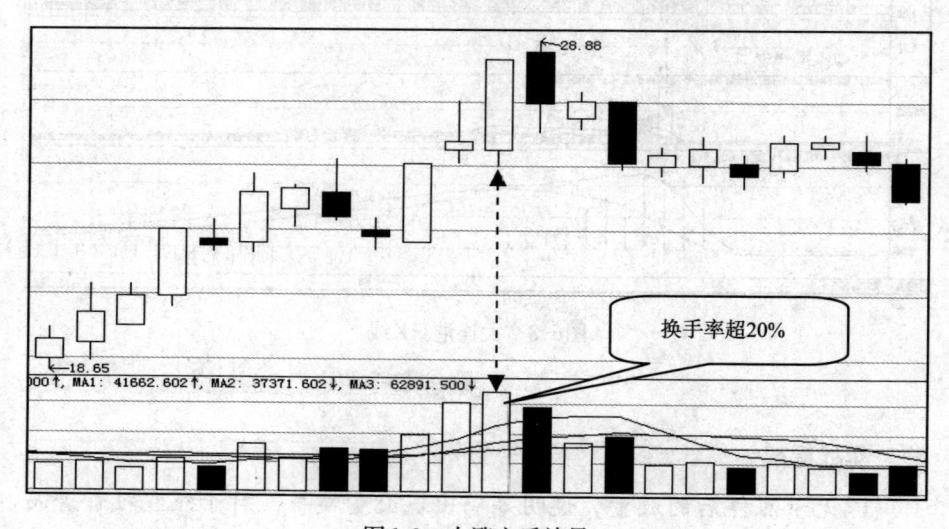

图6-9 大涨之后放量

出击卖点　　大涨之后出现换手率超过 15% 的走势时，构成卖点。

经典案例

如图 6-10 所示，2020 年 2 月开始，长飞光纤（601869）出现大幅上涨。3 月 11 日，该股收出一根放量阴线，换手率超过 20%，说明大量获利筹码兑现出局，卖点出现。

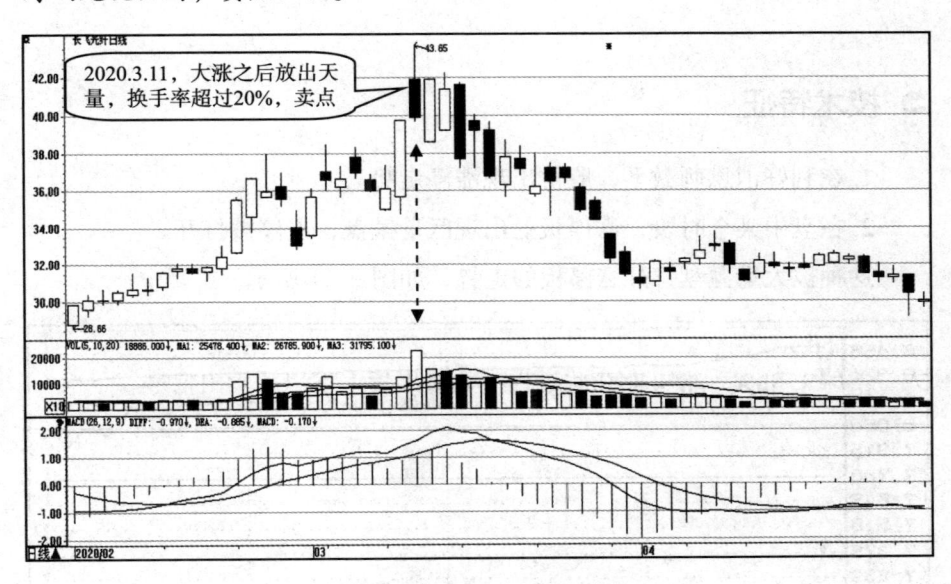

图6-10　长飞光纤日K线

实战提高

1. 此前股价的涨势越猛，涨幅越大，换手率越高，那么本卖点的可靠性就越高。

2. 通常，主力会利用放量阴线进行洗盘。如果后市股价能够超越这根放量阴线，那么就说明洗盘成立，投资者可以再次入场，将股票买回。

形态85：巨量打开涨停板

⬤ 技术特征

1. 在利好消息刺激下，股价出现涨停走势。
2. 在盘中某个时段，涨停板处出现巨量抛盘，涨停被打开。

这种被大量抛盘打开涨停板的走势，如图 6-11 所示。

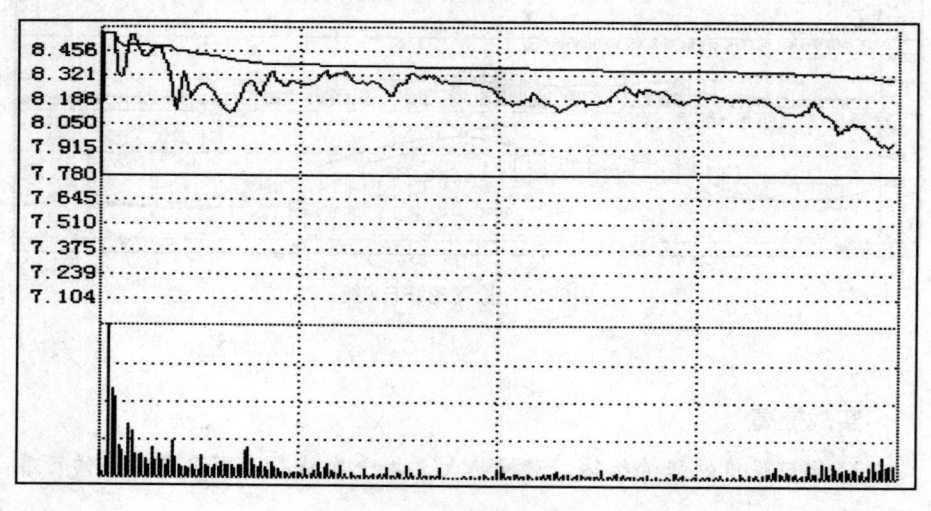

图6-11　盘中打开涨停板

涨停板被巨量抛盘打开，说明有主力借助涨停板上的大量买盘，实现集中出货的目的，股价后市面临着巨大的风险，发出卖出信号。

> **出击卖点** 盘中涨停被巨量抛盘打开，构成卖点。

⊃ 经典案例

如图6-12所示，2017年2月20日，福建水泥（600802）的股价突然加速上涨，形成一个涨停板，随后该股连续出现两个涨停板。2月23日，第四个交易日，该股一开盘就被封上涨停板。但在开盘10分钟后被巨量抛盘打开涨停，表明有主力借涨停集中出货，卖点出现。

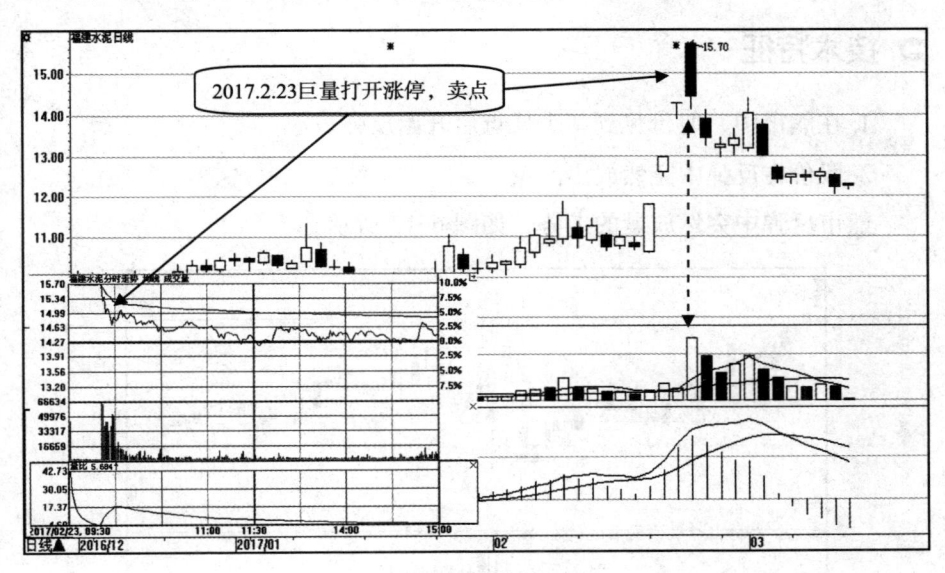

图6-12 福建水泥日K线

实战提高

1. 涨停板被巨量抛盘打开，表明有机构在大力出货。当然，也不排除有新机构在集中接盘。不论是哪种可能，涨停板的打开，意味着后市的股价，面临着巨大的不确定性。

2. 对于短线投资者而言，应在巨量打开涨停板时做卖出操作。中长线投资者可以进行部分卖出，如果后市股价继续走弱，则进行全部卖出。

形态 86：熊市反弹中突然放量

◯ 技术特征

1. 在熊市中，股价见到某个低点后开始反弹。
2. 股价在反弹中突然放出巨量。

熊市反弹中突然放量的走势，如图 6-13 所示。

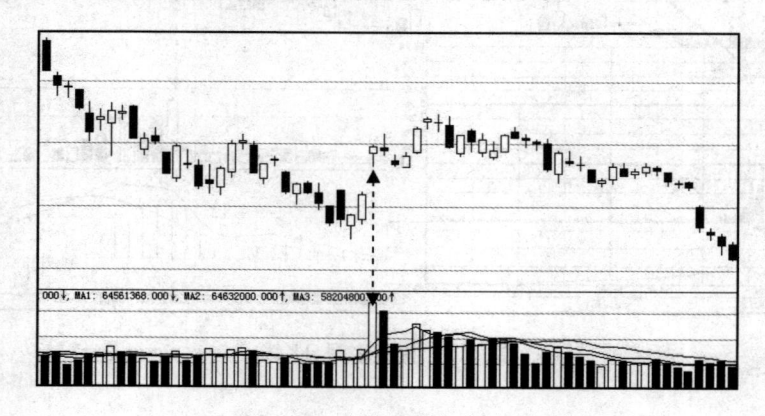

图6-13 熊市反弹突然放量

在熊市中，资金面持续紧张。一旦在反弹中开始放量，就意味着抄底资金已经入市，而解套盘则开始趁机离场，发出卖出信号。

出击卖点1 熊市反弹中突然放量时，构成卖点 1。

出击卖点2 放量后股价无法继续走强，构成卖点 2。

⇨ 经典案例

如图6-14所示，2018年初开始，吉视传媒（601929）虽然整体上处于熊市阶段，但股价开始反弹。4月17日，该股在反弹过程中突放巨量，卖点出现，投资者应进行清仓操作。

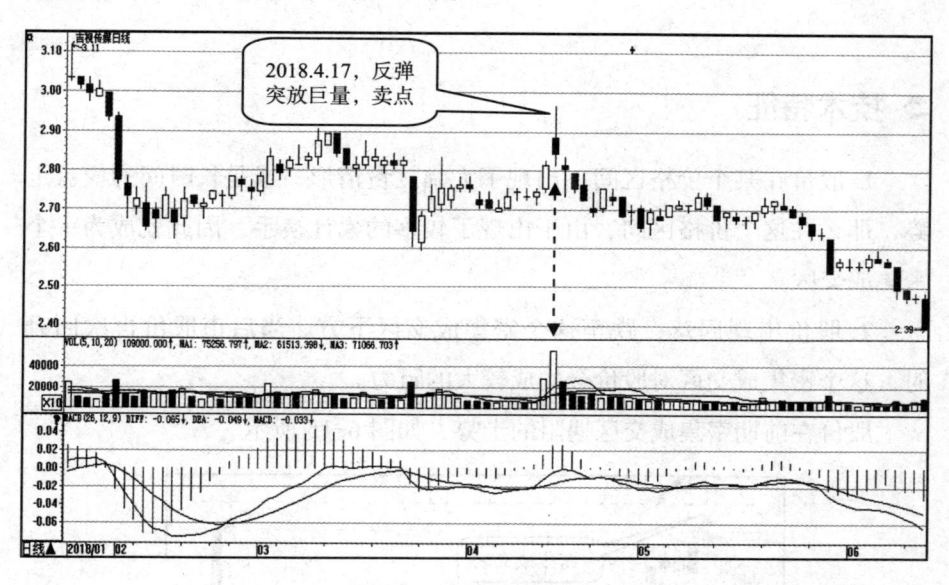

图6-14 吉视传媒日K线

实战提高

1. 在熊市反弹中，放量往往意味着宝贵的资金被消耗，一旦缺乏后续资金，反弹也就宣告结束。

2. 对于抄底抢反弹的投资者而言，应该在放量时卖出（即卖点1）。对于套牢投资者而言，可以选择在卖点1和卖点2处分两次卖出。

3. 在熊市中，很多投资者处于套牢状态。此时投资者把握熊市反弹卖点的关键，除了研判水平外，还包括心态的控制。

形态 87：在前期密集成交区域遇阻

◆ 技术特征

1. 股价在某个价格区间，出现了大幅放量情形，或是长时间的横盘走势，那么在这个价格区间，由于出现了较多的累计换手，因此就成为一个密集成交区。

2. 股价出现回落，跌至这个密集成交区下方。当后市股价再次回升时，这个密集成交区对股价会构成较大的阻力。

股价在前期密集成交区遇阻的走势，如图 6-15 所示。

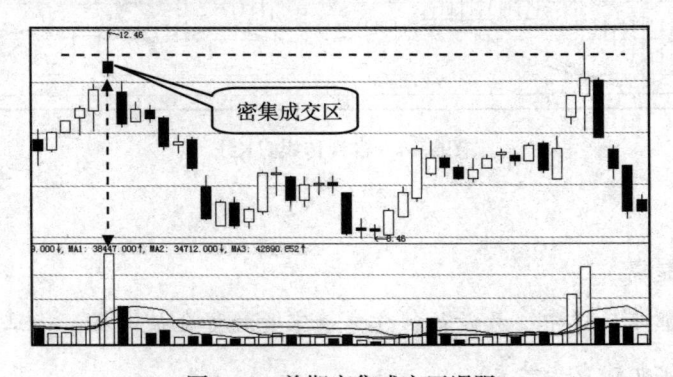

图6-15　前期密集成交区遇阻

当股价回升至前期密集成交区位置，如果出现明显的走弱迹象，则表明密集成交区的阻力有效，发出卖出信号。

出击卖点　　当股价涨至前期密集成交区位置，K 线图上出现某个见顶形态时，构成卖点。

第6章 量价关系的卖出形态

➲ **经典案例**

如图6-16所示，2019年3月，中国核电（601985）在6.2元附近出现放量情形，6.2元上下成为一个密集成交区。2019年4月初，该股再次回到6.2元附近，但是受到前期这个密集成交区的强大阻力，股价连续几个交易日出现滞涨走势，卖点出现。

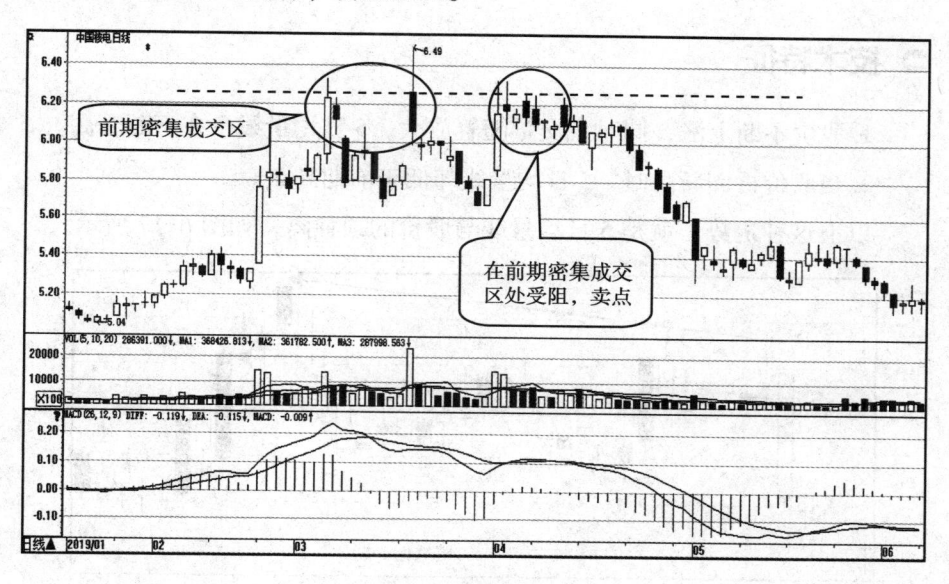

图6-16 中国核电日K线

实战提高

1. 突然地密集放量，以及长时间的横盘震荡，都会在这个区域形成密集成交区。

2. 当密集成交区在股价下方时，对股价会构成支撑作用。当密集成交区在股价上方时，对股价会构成阻力作用。

3. 如果在密集成交区，投资者进行了卖出操作。但后市股价又突破了这个密集成交区，那么就构成了一个重要的买入时机。

形态 88：5 日均量线与股价顶背离

⊃ 技术特征

1. 股价不断上涨，同时成交量随着放大，5 日均量线也在不断升高。
2. 当股价再创新高时，5 日均量线却低于前期高点。

以上这种走势，就是 5 日均量线与股价的顶背离，如图 6-17 所示。

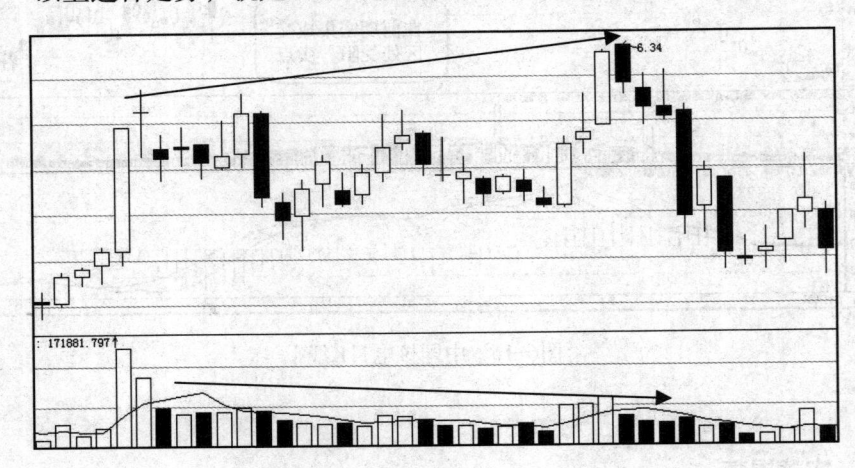

图6-17　5日均量线与股价顶背离

5 日均量线与股价出现顶背离，即出现了"价升量减"的价量背离走势，价格的上升，并没有得到成交量的支撑，那么股价随时可能出现下跌，发出了卖出信号。

出击卖点 5 日均量线与股价顶背离，同时 K 线上出现某个见顶形态时，构成卖点。

第6章 量价关系的卖出形态

⊃ 经典案例

如图6-18所示，2017年1月上旬，益民集团（600824）的股价再次上涨，创出本轮上升行情的新高，但是5日均量线却没有创出新高，出现价量背离。与此同时，该股的K线图中出现了顶部流星线的看跌反转形态，卖点出现。

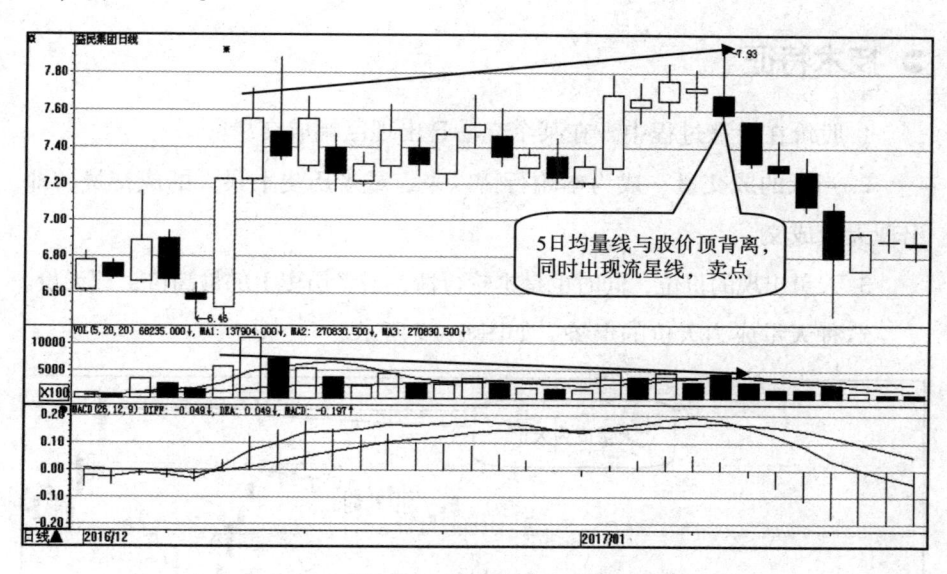

图6-18 益民集团日K线

实战提高

1. 如果在价量背离的同时，其他技术指标也发出了看跌信号，例如MACD顶背离等，那么本卖点的可靠性就得到了提高。

2. 股价与成交量的顶背离，说明股价的上涨，缺乏成交量的支撑。此时的上涨，更多的是依靠前期上涨的惯性，一旦惯性消失，股价也将转为下跌。

形态 89：天量成为天价

◯ 技术特征

1. 股价在上涨过程中，在某个交易日出现巨幅成交量。
2. 当天的成交量，成为本轮行情以来，或者历史上最大的成交量，即出现天量成交。
3. 天量出现的价位，同时也是本轮行情，或者历史上的最高价，即天价。

这种天量成为天价的走势，如图 6-19 所示。

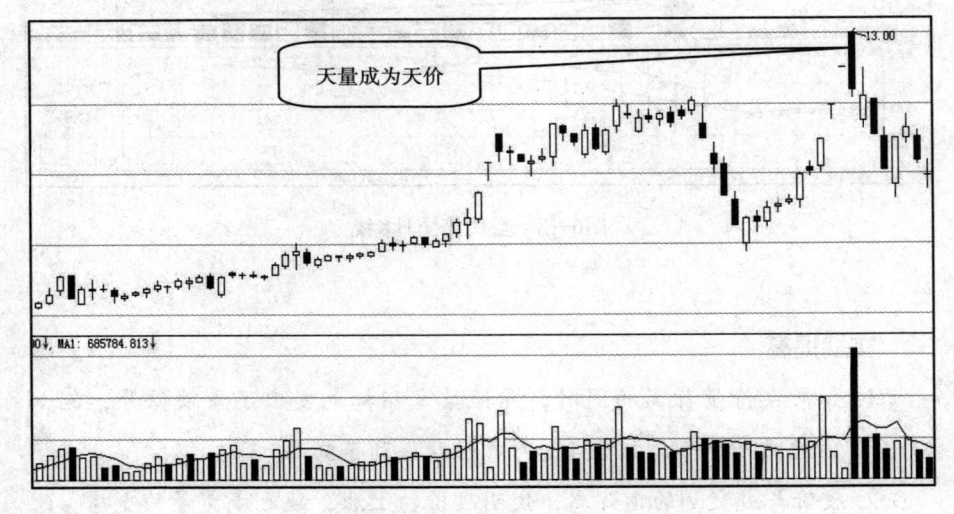

图6-19　天量成为天价

天量的出现，意味着大量筹码在进行换手，如果天量出现在大幅上涨之后，往往意味着机构很可能在大举出货。当天量成为天价时，机构出货得到最终确认，发出卖出信号。

第 6 章 量价关系的卖出形态

出击卖点1 当天量天价出现时，构成卖点 1。

出击卖点2 如果天量后股价无法继续走强，即天价得到了最终确认，构成卖点 2。

➲ 经典案例

如图 6-20 所示，2019 年 7 月 4 日，经过一段时间上涨后，中国重工（601989）股价创出本轮行情的新高，同时成交量也创出新高，构成天量天价，卖点 1 出现。第二天该股低开低走，天价得到验证，卖点 2 出现。

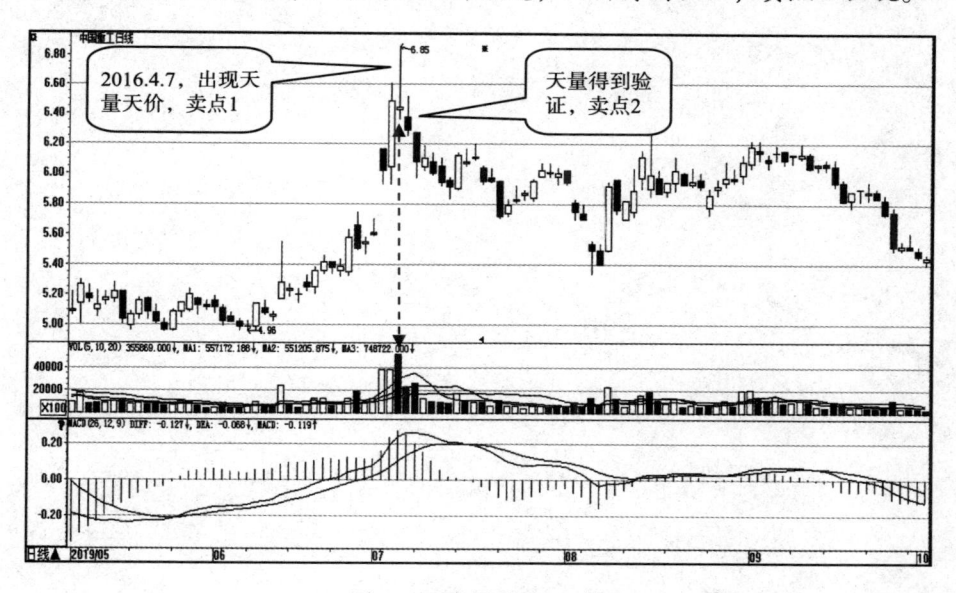

图6-20 中国重工日K线

实战提高

1. 天量分为绝对天量和相对天量。绝对天量是指上市以来的最大成交量。相对天量是指本轮行情，或一年以来的最大成交量。

2. 天量意味着筹码的大量换手，如果天量发生在一段大幅上涨之后，尤其是在创出新高的时候，往往意味着获利筹码的大量抛售，发出卖出信号。

3. 如果天量出现后，股价能够收复天量价位，也就是天量没有成为天价，则投资者可以择机进行买入操作。

形态 90：地量没有成为地价

➲ 技术特征

1. 在一波下跌趋势中，某个交易日的成交量，创下本轮行情以来的最低成交量。

2. 在地量出现后，股价继续下跌，并跌破了此前的地量价位。

这种地量没有成为地价的走势，如图 6-21 所示。

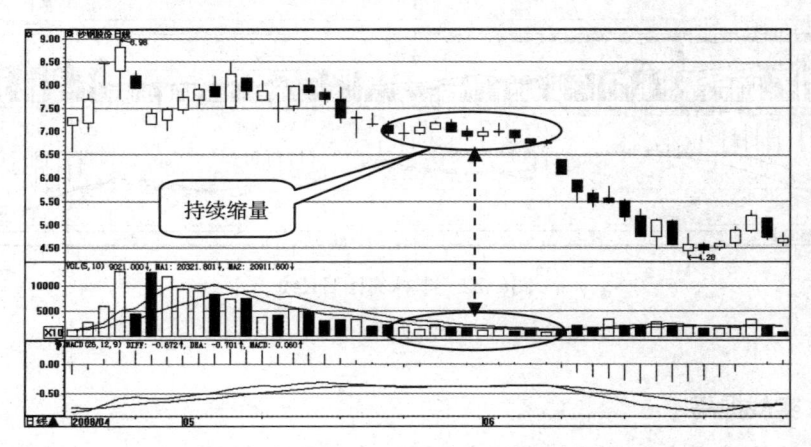

图6-21　地量没有成为地价

地量意味着市场人气低迷，往往是底部的一大特征，这也是"地量地价"这句股谚的由来。但是，如果地量没有成为地价，说明股价此次筑底失败，即将迎来新一轮下跌，发出了卖出信号。

出击卖点　　股价跌破地量价位时，构成卖点。

➲ 经典案例

如图 6-22 所示，2018 年 8 月，丰林集团（601996）股价在跌至 3.4 元附近后开始反复筑底。8 月 24 日，该股成交量创出本轮下跌行情以来的最低量，出现地量。但随后股价仍然继续走弱，并跌破了这个地量价位，说明此次筑底失败，卖点出现。

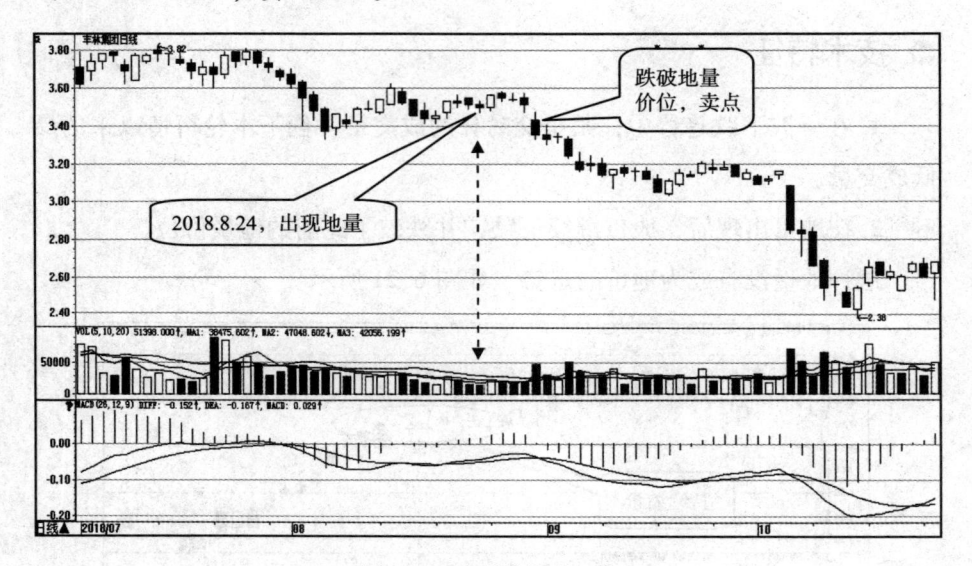

图6-22 丰林集团日K线

实战提高

1. 在熊市中，地量之后仍有地量。在股价没有真正企稳之前，投资者不宜简单根据"地量见地价"来入市抄底。

2. 有时候，地量之后股价开始回升，出现"地量见地价"的走势，但是这种回升可能是真正见底反转，也可能仅仅是熊市中暂时的反弹。此时投资者应结合其他分析手段，进行综合研判。

3. 股价跌破地量价位，预示着新一轮跌势即将出现。因此本卖点适用于抄底时的止损操作，以及股票套牢后"先卖后买、高卖低买"的操作。

第 7 章
跟庄的卖出形态

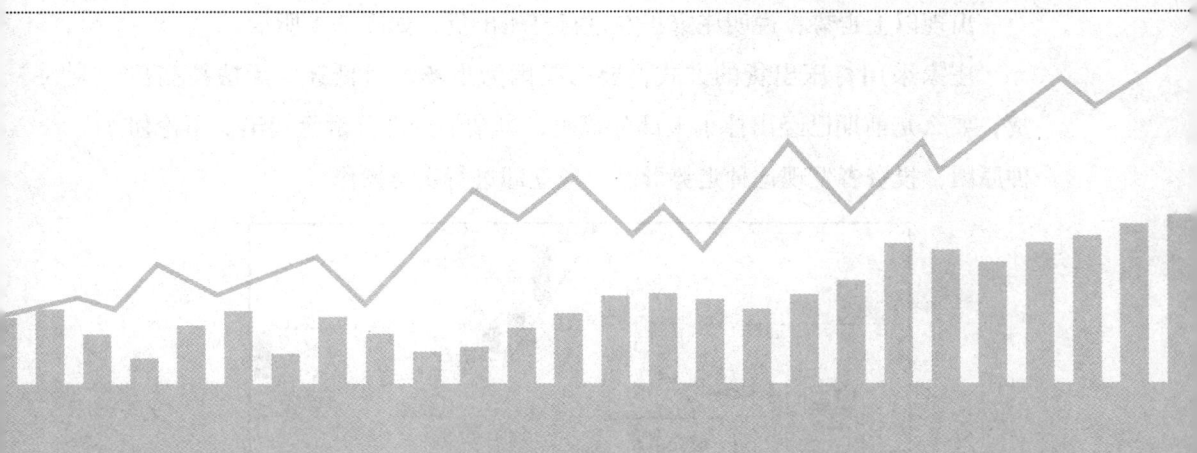

形态 91：庄家打压出货的卖出形态

○ **技术特征**

1. 经过长期上涨后，股价涨幅已经非常惊人，庄家获利丰厚。
2. 大盘已经开始走弱，市场人气不足，缺乏追高热情。
3. 股价的单日跌幅不大，但却出现连续下跌走势。在下跌过程中，成交量保持活跃，甚至有时会出现持续放大的态势，即价跌量增形态。

出现以上走势，说明庄家正在进行打压出货，如图 7-1 所示。

庄家采用打压出货的方式，要么是因为市场太过低迷，无法拉高出货，要么是前期已经出掉了大部分筹码，剩余的少部分砸盘卖出。不论何种原因，投资者发现这种走势形态，应立即进行卖出操作。

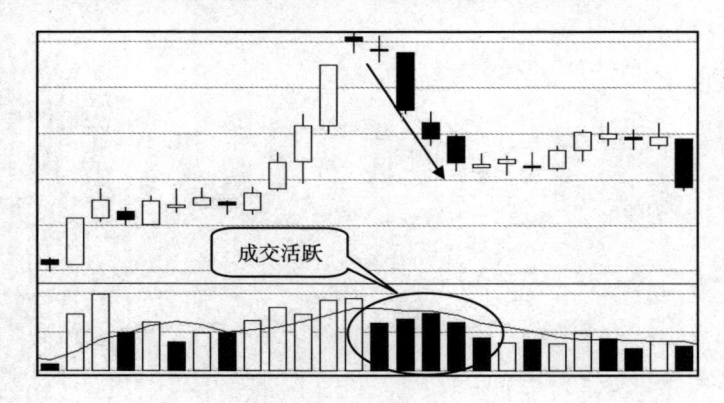

图7-1 打压出货

出击卖点 大幅上涨后股价连续下跌，且成交活跃，构成卖点。

⇨ 经典案例

如图 7-2 所示，经过连续上涨后，2019 年 4 月中旬开始，德邦股份（603056）股价连续下跌，同时成交量保持活跃，说明机构在获利丰厚的情况下，采用了打压出货的方式，卖点出现。

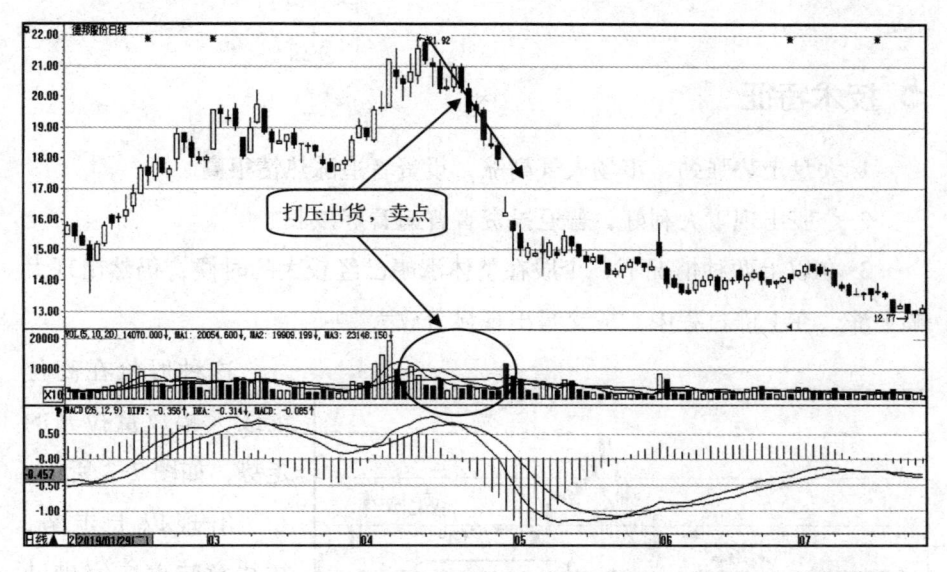

图7-2 德邦股份日K线

实战提高

1. 前期股价涨幅越大，上涨持续时间越长，例如很多长牛股，那么本卖点的可靠性就越高。

2. 如果该股经过了较长时间的缩量上涨后，出现放量下跌的走势，那么此时庄家进行打压出货的概率会更高。

3. 如果大盘走势转弱，或者个股出现重大利空，那么投资者在发现这种形态后，应立即卖出股票。

形态 92：庄家拉高出货的卖出形态

➲ 技术特征

1. 大盘走势强劲，市场人气高涨，投资者追涨热情很高。
2. 个股出现重大利好，普通投资者普遍看好该股。
3. 在以上两种情况下，个股在整体涨幅已经较大的时候，仍然出现大幅上涨，在上涨过程中，成交量出现显著放大。

这种股价在高位继续大幅放量拉升的走势，如图 7-3 所示。

出现以上走势，往往意味着庄家借助利好或者大势，进行最后的拉升，同时在拉升中趁机出货，发出卖出信号。

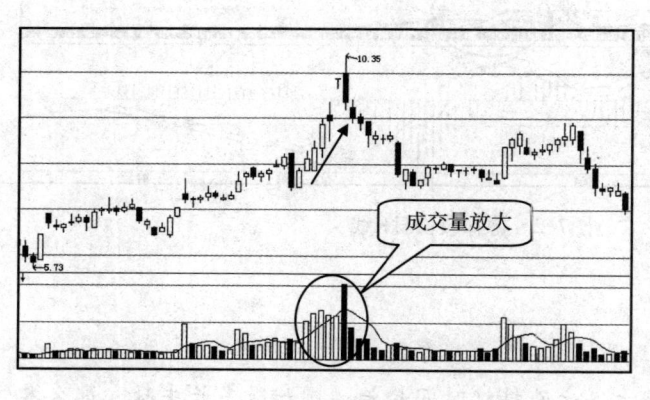

图7-3 拉高出货

出击卖点1　　大幅上涨后继续放量拉升时，构成卖点1。

出击卖点2　　股价在放量拉升后开始走弱，构成卖点2。

第7章 跟庄的卖出形态

⊃ 经典案例

如图 7-4 所示，经过一段大幅上涨后，2013 年 3 月中旬开始，大丰实业（603081）继续加速上涨。在上涨过程中，成交量持续放大，庄家很可能在拉高出货，卖点出现。

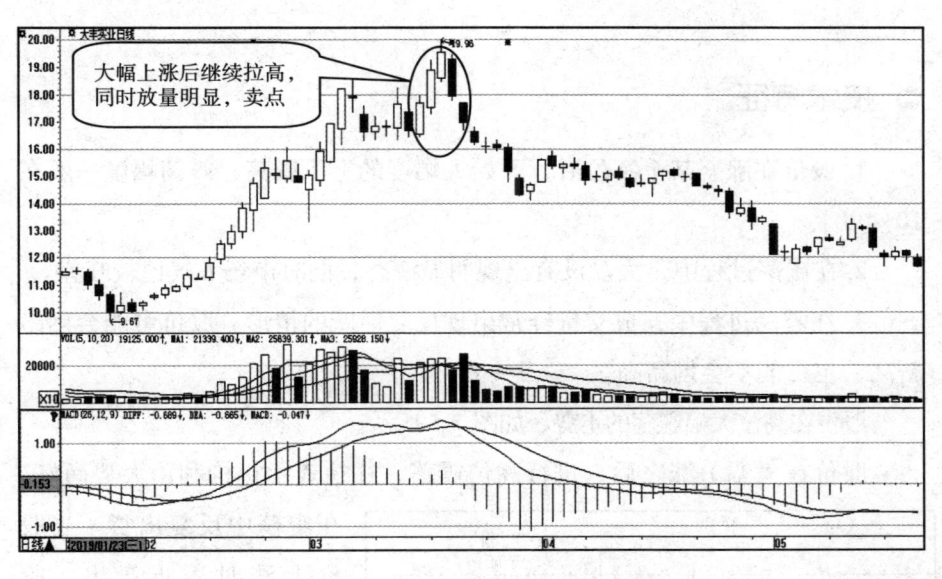

图7-4 大丰实业日K线

实战提高

1. 在股价涨幅已经很大的情况下，出现利好消息时，往往是机构出货的良机，投资者需注意投资风险，不要被利好和强劲的走势所迷惑。

2. 在本卖点中，关键是成交量的放大。如果缩量上涨，那么投资者可以继续关注。如果出现放量，就说明庄家的筹码在大量涌出，投资者需把握卖出时机。

3. 把握本卖点时，投资者最需要注意的是控制好心态，尤其是要做到不贪，不要抱有不切实际的幻想。

形态 93：庄家震荡出货的卖出形态

➲ 技术特征

1. 股价在涨至某个高位后，开始大幅度的上下震荡，震荡幅度一般在 10% 以上。

2. 在震荡过程中，大盘没有出现明显疲态，同时市场人气比较旺盛。

3. 在震荡过程中，成交量经常出现反复活跃的情形。股价可能会创出新高，也可能不会创新高。

股价在高位大幅震荡的走势，如图 7-5 所示。

股价在大幅上涨之后，进行高位震荡，往往表示机构利用大势尚好，在震荡中反复出货。当股价上涨时逐步卖出，股价下跌时又进场护盘，达到"出多进少"的出货目的。投资者发现这种走势，也应在震荡中进行逐步的减仓。

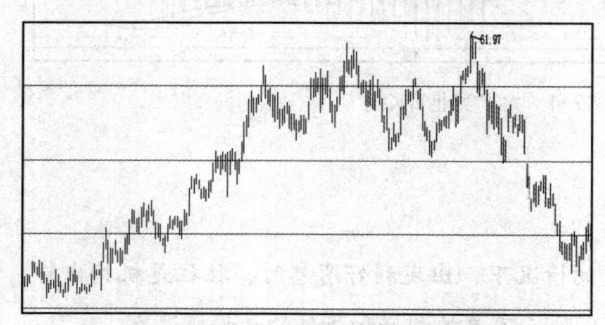

图7-5 股价在高位大幅震荡

出击卖点1 高位震荡过程中，逢高分批卖出。

出击卖点2 股价跌破高位震荡区间（形态）时，清仓卖出。

⇨ 经典案例

如图7-6所示，2020年1月，经过大幅上涨，常熟汽饰（603035）在上涨至16元附近后，出现大幅震荡走势（如图中不规则四边形所示），一直持续到2020年3月。在这种长期大涨后的大幅震荡行情中，投资者应逢高逐步减仓（如图中卖点1所示）。3月16日，该股跌破这个震荡区间，卖点2出现，投资者可将剩余股票全部卖出。

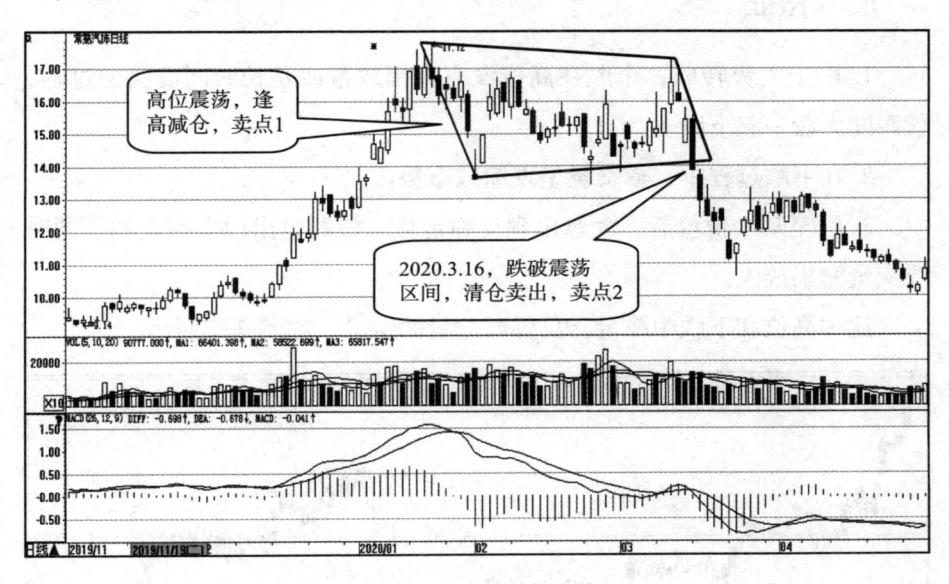

图7-6 常熟汽饰日K线

实战提高

1. 当庄家持仓量比较大，同时出货时间又很充裕时，往往会采用震荡出货的方式。

2. 震荡出货时，意味着牛市已经接近尾声，但还没有结束。投资者普遍比较看好后市，持股心态非常稳定。

3. 在把握本卖点时，投资者应放弃卖到最高价的想法，控制好心态，不要被股价的脉冲式上涨行情所迷惑。

形态94：庄家反弹出货的卖出形态

➲ 技术特征

1. 由于大势转弱，个股在高位没有大幅放量或是长时间震荡的过程，就跟随大盘一起下跌。

2. 在下跌过程中，成交量呈现缩减态势。

3. 跌至某个价位后，大盘出现反弹走势，该股也出现大幅反弹，同时成交量密集放大。

这种高位和下跌中缩量，反弹时放量的走势，如图7-7所示。

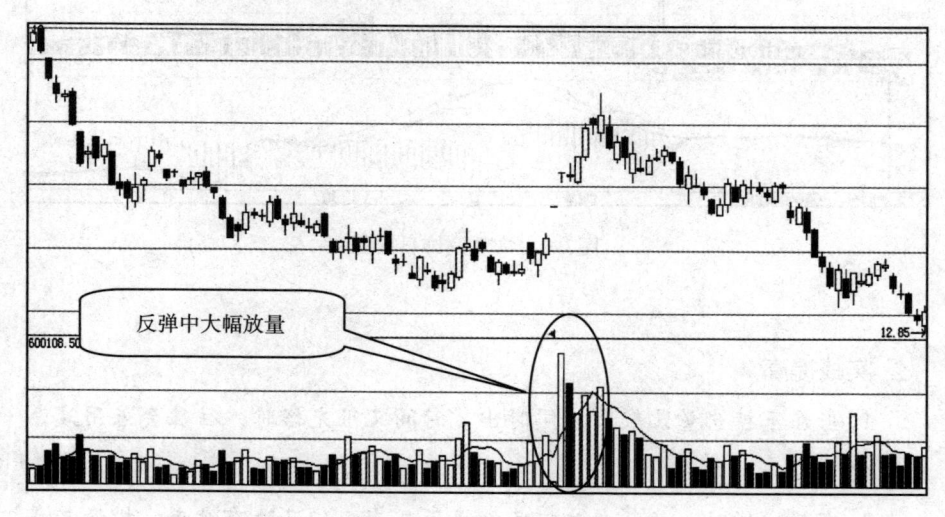

图7-7 反弹中放量

高位和下跌过程中的缩量，使得机构无法顺利出局，只能借助大盘反弹，通过制造量价齐升的走势，营造"底部放量"的假象，诱使抄底资金入场，而自己则趁机出货。因此，当股价在反弹中放量拉升时，投资者需注意把握卖出时机。

> **出击卖点** 下跌中一直缩量的股票，在反弹中大幅放量时，构成卖点。

➲ 经典案例

如图7-8所示，2019年4月初，中国动力（600482）在28元附近开始下跌。该股在顶部和下跌初期，成交量并不是特别大，表明主力在高位还没有完全出局，出货并不顺利。7月初到9月中旬，中国动力出现反弹走势。在反弹过程中，成交量出现明显放大，预示着前期来不及出局的主力，开始借助反弹大力出货，卖点出现。

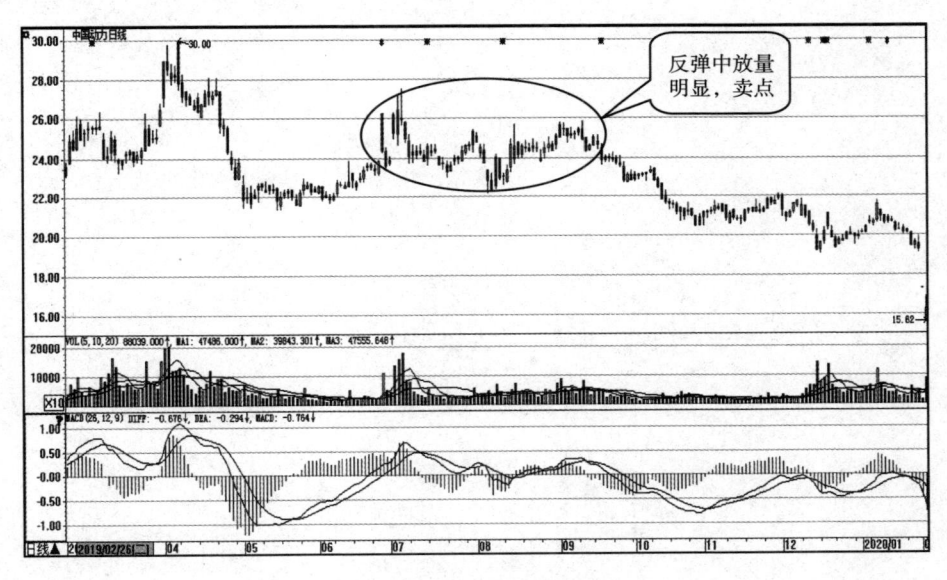

图7-8 中国动力日K线

实战提高

1. 庄家借反弹出货，充分利用了投资者的抄底抢反弹的心理。"新手死在山顶上，老手死在半山腰"，投资者要格外注意抢反弹的风险所在。

2. 在前期顶部和下跌过程中，缩量越明显，反弹时放量越大，那么本卖点的可靠性就越高。

第 8 章
K 线图的综合卖出形态

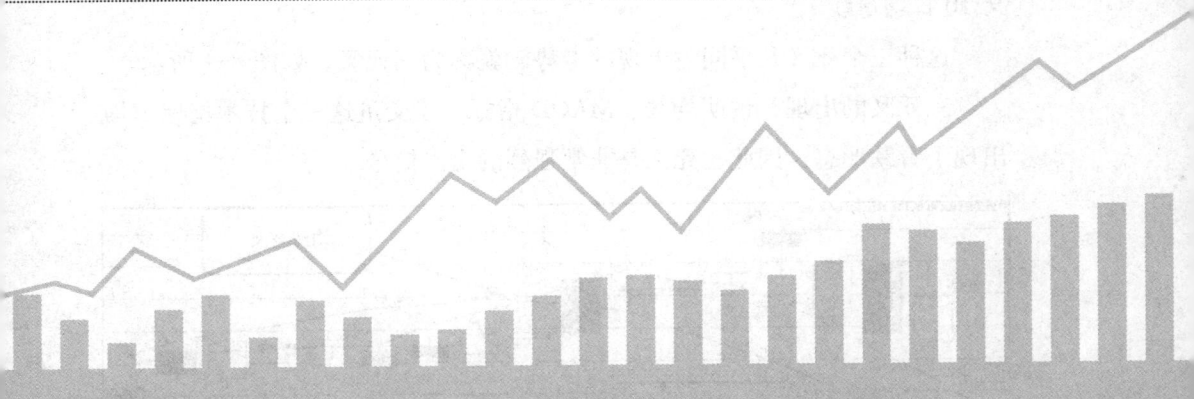

形态 95：三死叉

⊃ 技术特征

1. 股价在高位开始向下回落。

2. 随着股价的回落，5 日均线自上而下死叉 10 日均线，MACD 指标的 DIFF 线自上而下死叉 DEA 线。

3. 在股价回落过程中，成交量也在逐步缩减，5 日均量线自上而下死叉 10 日均量线。

这种三个死叉几乎同时出现的走势，就称为三死叉，如图 8-1 所示。

三死叉的出现，说明均线、MACD 指标、成交量这三个技术指标，均出现了看跌形态，因此三死叉是非常强烈的卖出信号。

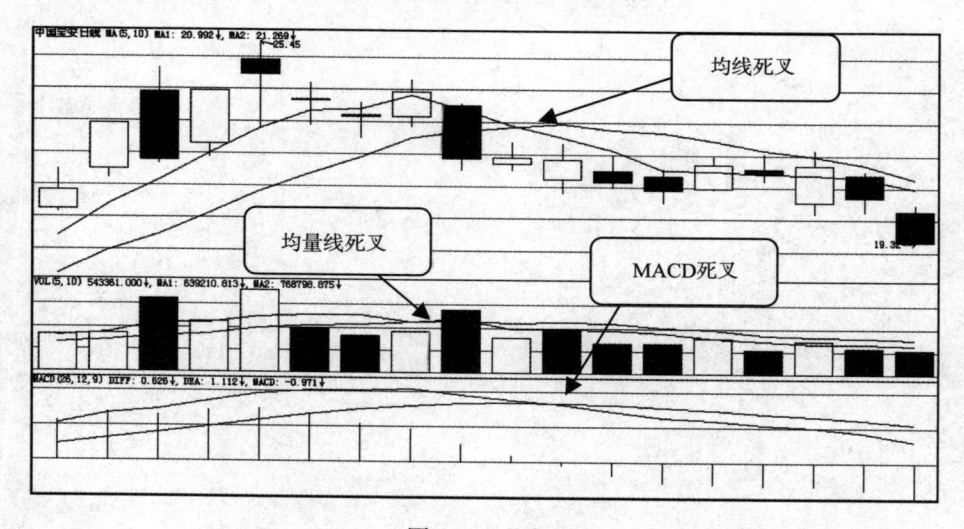

图8-1　三死叉

> **出击卖点** 三死叉出现时，构成卖点。

⊃ 经典案例

如图 8-2 所示，随着股价的逐步走弱，以及成交量的逐步缩减，2020 年 8 月 12 日，福能股份（600483）的 5 日均量线率先死叉 20 日均量线；8 月 13 日，该股的 5 日均线死叉 10 日均线；8 月 17 日，MACD 指标的 DIFF 线死叉 DEA 线，三死叉最终形成，卖点出现。

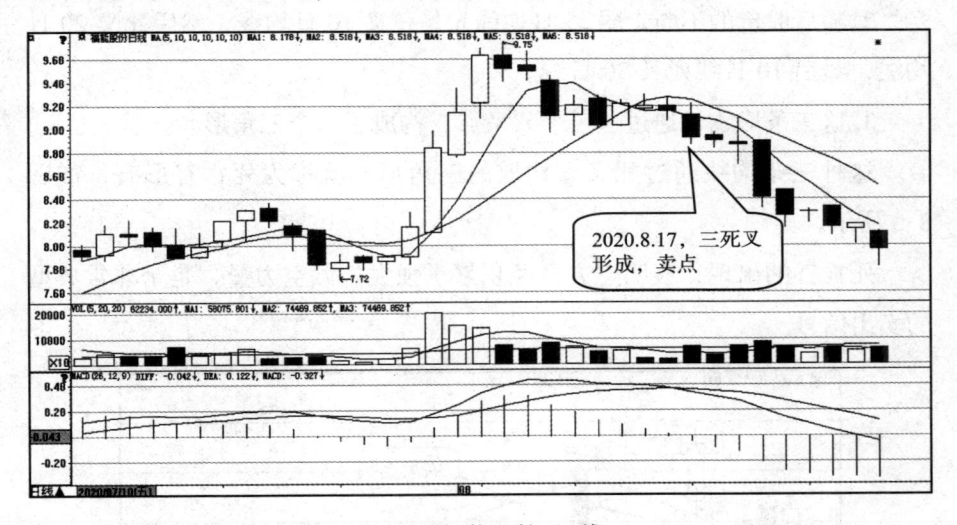

图8-2 福能股份日K线

实战提高

1. 此前的上涨趋势越强烈，那么三死叉的卖出信号就越强烈。

2. 由于三个死叉并非总是同时出现，因此在这三个死叉先后出现的过程中，投资者可以采取分批逐步卖出。

3. 由于本例中的三死叉采用的都是 5 日、10 日这些短周期，因此本买点的信号，更侧重于短期交易信号。

形态 96：死亡谷

◐ 技术特征

1. 在股价不断上涨过程中，5 日线、10 日线、20 日线呈现多头排列。

2. 随后股价的不断走弱，5 日均线先是死叉 10 日均线，然后死叉 20 日均线，最后 10 日线死叉 20 日线。

3. 这三条均线，通过这三个死叉点，构成了一个三角形。

这种三条均线通过死叉点构成的三角形，就称为死亡谷形态，如图 8-3 所示。

死亡谷的出现，表明空方已经积累了强大的做空力量，是个非常典型的卖出信号。

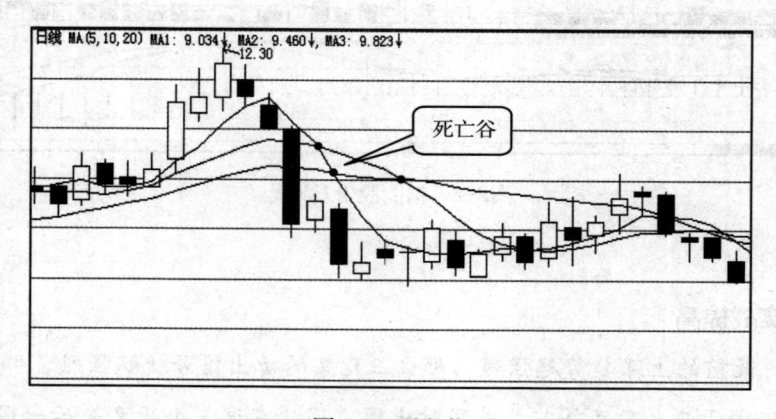

图8-3 死亡谷

出击卖点 ➡ 死亡谷已经形成，构成卖点。

经典案例

如图8-4所示,2020年3月,海信视像(600060)在最高涨至14.41元后开始回落。随后,该股的5日均线先后死叉10日和20日线。3月18日,该股10日线死叉20日线,三根均线构成了死亡谷形态,卖点出现。

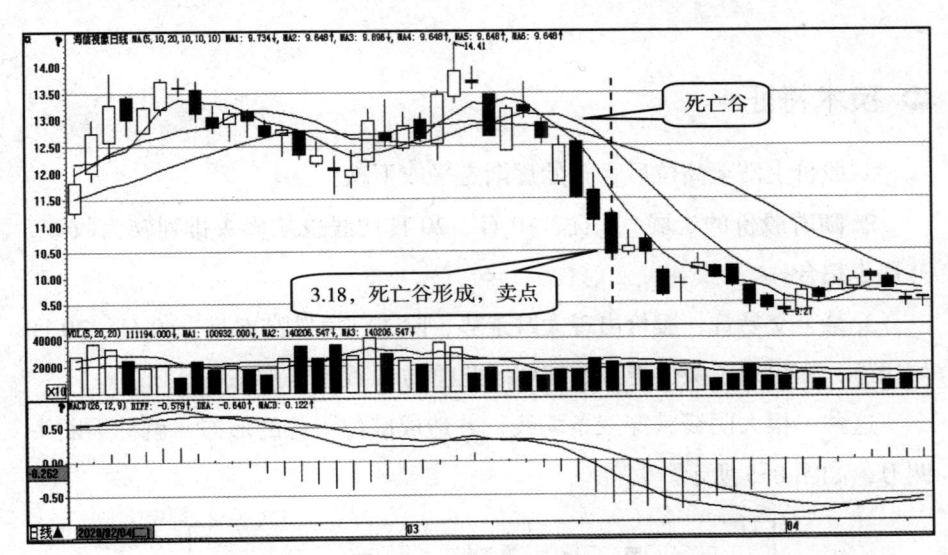

图8-4 海信视像日K线

实战提高

1. 股价此前的涨势越流畅,涨幅越大,那么本卖点就越可靠。

2. 如果股价此前处于震荡趋势中,三条均线经常纠缠在一起,此时的死亡谷形态就失去了卖出信号的意义。

3. 组成死亡谷形态的三根均线,其周期可以调整。在本例中是"5、10、20",也可以是"10、20、30""20、30、60"等,均线周期越长,那么卖出信号就越具有中长期的意义。

4. 死亡谷形态,对后市股价会产生一定的阻力作用。如果后市股价突破了死亡谷形态所在的价位,就说明股价重新走强,投资者可进行买入操作。

形态 97：断头铡刀

➲ **技术特征**

1. 股价上涨至高位后，开始逐渐走平或下跌。

2. 随着股价的走弱，5 日、10 日、20 日均线也从多头排列转为收敛，并逐步粘合。

3. 某个交易日，股价出现大跌走势，除了一举跌穿 5 日、10 日、20 日均线外，还出现了破位走势（破坏了此前的 K 线走势形态）。

这种一根大阴线跌穿三条均线，并造成破位走势的形态，就称为断头铡刀，如图 8-5 所示。

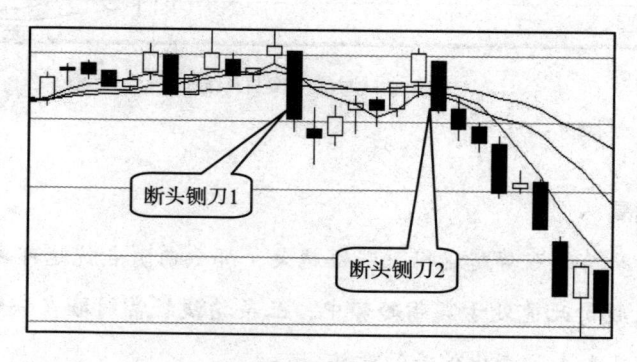

图8-5　断头铡刀

断头铡刀的出现，说明多方势力被空方一举击溃，后市仍将有很大的跌幅，是非常重要的卖出信号。

出击卖点 　断头铡刀的大阴线出现时，构成卖点。

第 8 章 K线图的综合卖出形态

◯ **经典案例**

如图 8-6 所示，经过一段横盘震荡走势后，2020 年 4 月 28 日，中盐化工（600328）股价出现大跌走势。当天的这根大阴线，还跌破了 5 日、10 日和 20 日均线，而且跌破了此前的整理区间，出现形态的破位走势。这根大阴线，构成了断头铡刀形态，卖点出现。

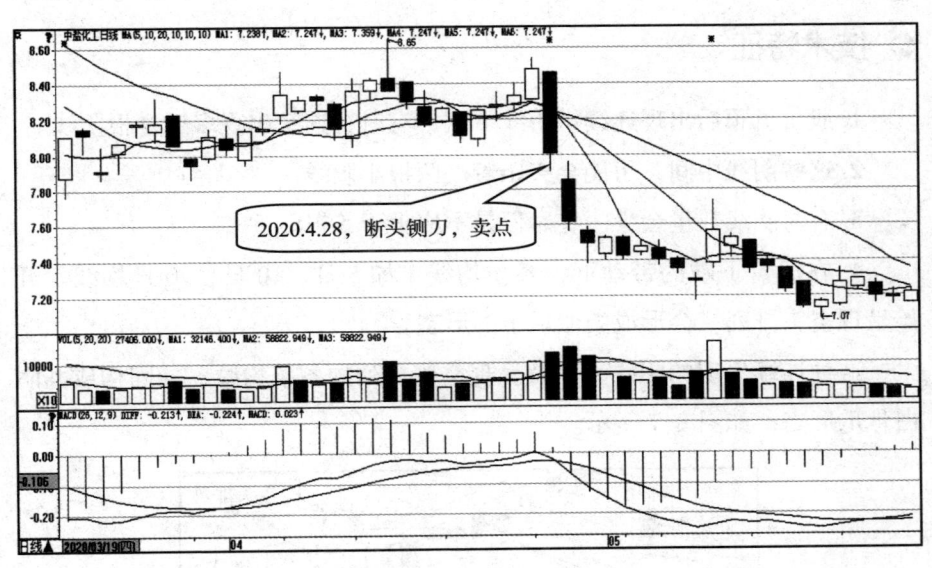

图8-6 中盐化工日K线

实战提高

1. 当断头铡刀出现时，如果伴随着成交量的放大，那么本卖点将更加有效。

2. 构成断头铡刀的阴线越长，那么卖出信号也将更加可靠。

3. 股价此前的横盘震荡时间越长，均线粘合的越紧密，那么断头铡刀出现后，后市的跌幅也往往越大。

形态 98：九阴白骨爪

⇨ **技术特征**

1. 股价见顶后出现连续小阴线下跌，有时会连续出现多达 9 根阴线。

2. 这些阴线中间，可能会夹杂着一两根小阳线。

3. 有时阴线数量会少一些，但是不应少于 5 根。

4. 在股价下跌的带动下，各条均线（如 5 日、10 日、20 日均线）开始呈现空头排列，会形成类似爪子的形态。

这种连续出现的阴线，以及呈现空头排列的各条均线，共同构成九阴白骨爪形态，如图 8-7 所示。

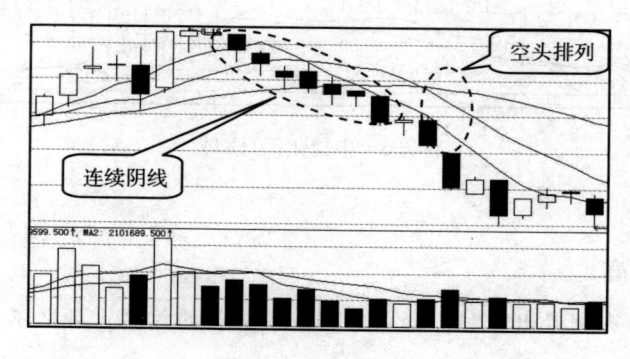

图 8-7　九阴白骨爪

九阴白骨爪形态的出现，预示着机构在密集、连续地出货，标志着一段涨势的结束和一段跌势的开始，发出强烈的卖出信号。

出击卖点 1　高位连续出现多根阴线时，构成卖点 1。

出击卖点2 均线形成空头排列时，构成卖点2。

⊃ 经典案例

如图8-8所示，经过一段上涨趋势后，2019年4月中旬开始，中新药业（600329）股价开始连续下跌，构成卖点1。4月29日，该股的5日、10日和20日均线开始呈现空头排列，九阴白骨爪形态成立，卖点2出现。

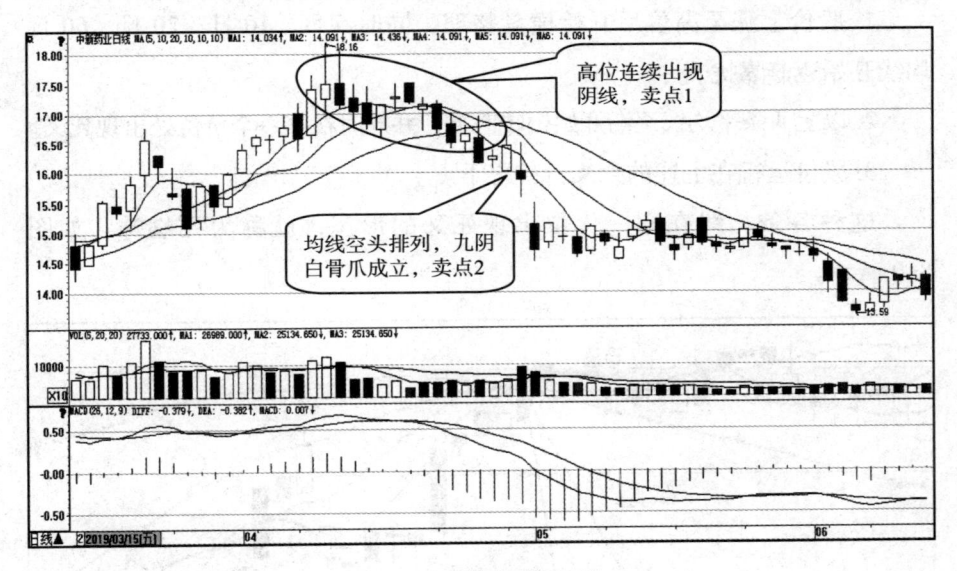

图8-8 中新药业日K线

实战提高

1. 九阴白骨爪形态一旦出现，往往预示着后市股价跌幅仍然很大，是非常重要的卖出信号。

2. 如果在九阴白骨爪出现的同时，成交量也呈现放大态势，即价跌量增，则本卖点的信号会更加可靠。

3. 九阴白骨爪形态的卖点，属于中长线卖点，不适用于短线交易。

形态99：死蜘蛛

➲ 技术特征

1. 股价上涨至高位后开始横盘整理，同时5日、10日、20日、60日均线开始逐渐靠拢。
2. 以上4条平均线逐渐开始扭转向下，并同时在某一个价位处出现死叉。
3. 股价运行在上述的死叉价位之下。

这种各条均线在同一价位出现死叉的形态，就称为死蜘蛛，如图8-9所示。

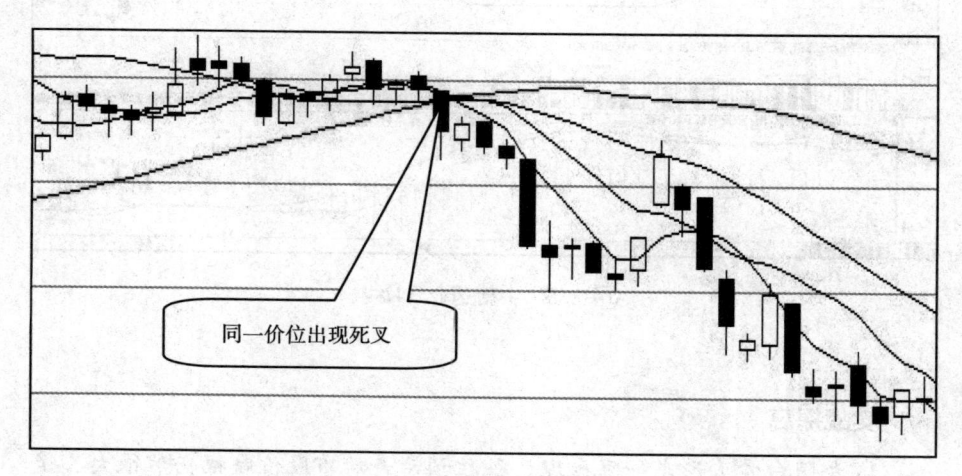

图8-9 死蜘蛛

死蜘蛛的出现，说明这个交叉价位是这4条平均线的共同点，也就是说，最近5日、10日、20日、60日内买入的投资者，其买入成本都相差不多。当股价跌破这个共同成本时，说明这4条均线所代表周期内的投资者，都处于亏损状态。当这种亏损示范被传播后，会引导更多的人卖出，并使股价继续下跌。因此，死蜘蛛是非常强烈的卖出信号。

出击卖点 死蜘蛛出现时，构成卖点。

⇨ 经典案例

如图8-10所示，2020年8月初至9月初，博瑞传播（600880）在高位进行横盘震荡，各条均线陆续走平。9月10日，该股放量下跌，不仅跌穿了多条均线，而且这些均线同时在4.65元附近出现死叉，构成死蜘蛛形态，卖点出现。

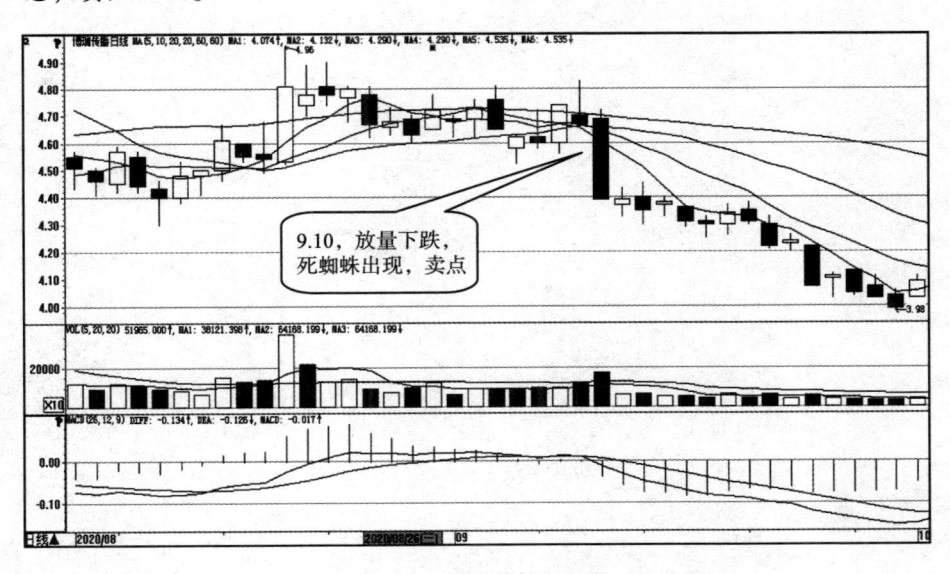

图8-10 博瑞传播日K线

实战提高

1. 死蜘蛛蕴含着多个做空信号，如均线的死叉，均线空头排列，股价跌破均线等。

2. 如果死蜘蛛出现的同时，存在放量情形，那么本卖点的可靠性就大大增强。

3. 死蜘蛛的出现，往往预示着一段大幅下跌行情即将到来，投资者应注意观望，不要轻易入场抢反弹。